लैम्प शेड
(कहानी संग्रह)

लैम्प शेड

यशपाल

विप्लव कार्यालय, लखनऊ
की ओर से

लोकभारती प्रकाशन
पहली मंजिल, दरबारी बिल्डिंग, महात्मा गाँधी मार्ग, इलाहाबाद-1

विप्लव कार्यालय, लखनऊ
की ओर से

लोकभारती प्रकाशन
पहली मंजिल, दरबारी बिल्डिंग
महात्मा गाँधी मार्ग, इलाहाबाद-1
बेवसाइट : www.lokbhartiprakashan.com
ई-मेल : info@lokbhartiprakashan.com
शाखाएँ : 1-बी, नेताजी सुभाष मार्ग, दरियागंज
नई दिल्ली-110 002
अशोक राजपथ, साइंस कॉलेज के सामने
पटना-800 006

पहला संस्करण : 1958
वर्तमान संस्करण : 2010

आवरण चित्र : गोगी सरोज पाल

इण्डियन प्रेस प्रा. लि.
36, पन्नालाल रोड, इलाहाबाद-211 002
द्वारा मुद्रित

LAMP SHADE
by Yashpal

ISBN : 978-81-8031-468-1

मूल्य : रु. 125.00

अनुक्रम

इन कहानियों के विषय में

कहानी सदा मनुष्य की होती है।

कहानी देवताओं और पशुओं को नायक अथवा पात्र बना कर भी गढ़ी जाती है। ऐसी कहानी में देवता अथवा पशु मनुष्य के गुण-स्वभाव का प्रतिनिधित्व करते हैं और अपने समय के मानव-समाज के लक्ष्यों, आदर्शों और सद्-व्यवहारों को चरितार्थ करने का यत्न करते दिखायी देते हैं। कुमारसम्भव, मेघदूत, पंचतंत्र, ईसप की कहानियाँ और दादी-नानी द्वारा बच्चों को सुनायी जाने वाली सभी कहानियाँ यही प्रमाणित करती हैं। यदि कभी किसी भूभाग, पर्वत, वृक्ष अथवा जीव विशेष की कहानी लिखी जाती है तो भी कहानी का आधार मनुष्य का प्रसंग ही होता है।

कहानी द्वारा मनुष्य, मानव-समाज के रूप में अपनी समस्याओं में रुचि लेकर उनका चिंतन करता है। कथाकार का प्रयत्न इस प्रकार के चिंतन और विचार की प्रक्रिया को रुचिकर बना सकने का यत्न होता है।

रुचि उत्पन्न कर सकना और रुचि को संतुष्ट कर सकना सौन्दर्य के प्रभाव और गुण हैं। रुचि और सौन्दर्य अन्योन्याश्रय हैं परन्तु रुचि हेतु जान पड़ती है और सौन्दर्य उसका उत्पादन और फल जान पड़ता है।

जीवित रह सकने की इच्छा और गुण के कारण ही मनुष्य में दीर्घ जीवन की कामना होती है। जीवन को समर्थ और दीर्घ बनाने की इच्छा ही अमरत्व की कामना है। जीवन की दीर्घता और अमरत्व में मनुष्य को बहुत बड़ा सौन्दर्य अनुभव होता है। संसार और जीवन से विरक्ति द्वारा अमरत्व की कामना मृत्यु से भय और जीवन की इच्छा का नकारात्मक रूप ही है। यह लक्ष्य से विरुद्ध दिशा में लक्ष्य को खोजना है।

अपने जीवन को दीर्घ और अमर बनाने की इच्छा ही मनुष्य के मस्तिष्क में शाश्वत् और निरन्तर की कल्पना उत्पन्न करती है। मनुष्य अपने जीवन के लिए और जीवन से सम्पर्क रखने वाली वस्तुओं के

लिए ही नहीं अपितु अपने विचारों, भावनाओं और परिस्थितियों के लिए भी अमर और शाश्वत् होने की कामना और कल्पना करने लगता है। मनुष्य की यह प्रवृत्ति ही शाश्वत् सौन्दर्य के विचार को भी उत्पन्न कर देती है।

परन्तु मानव प्राणी अमर नहीं है न मनुष्य के विचारों और प्रयत्नों द्वारा उत्पन्न विचार और वस्तुएँ ही शाश्वत् और स्थिर हैं। कल्पना कीजिए, यदि मानव जाति की अतीत की पीढ़ियां अमर होतीं और मानव-समाज की जीवन नौका के दिशा-दर्शन के लिये डाँड उन्हीं पीढ़ियों के हाथ में रहता तो मानव-समाज आज भी किस अवस्था में होता? मानव-समाज का विकास इसीलिए सम्भव हो सका है कि मानव व्यक्ति अमर नहीं है और उसके जीवन की परिस्थितियाँ भी अमर और शाश्वत् नहीं, परिवर्तनशील रही हैं। मनुष्य व्यक्ति और उसके समाज की रुचि और सौन्दर्य की भावना भी शाश्वत्, स्थिर और अपरिवर्तनशील नहीं है। परिस्थितियों के परिवर्तन के अनुकूल नयी मान्यताओं, रुचियों और सौन्दर्यों का उत्पन्न होना आवश्यक होता है और आज भी है।

यह कहानियाँ प्रस्तुत करते समय इतनी गोल-मोल व्याख्या इसीलिए आवश्यक हो रही है कि इन कहानियों में जिस रुचि का परिपाक मिलेगा वह अतीत की रुचि से भिन्न है। इन कहानियों के प्रेरणा-स्रोत नयी परिस्थितियों के हैं। उसी के अनुकूल इनके संवेदन हैं। यदि आज भी सौन्दर्य की सृष्टि की जा सकती है तो वह सौंदर्य आधुनिक परिस्थितियों से उत्पन्न विचारों और रुचि के अनुकूल ही होगा।

मेरे लिये यह विश्वास कर पाना कठिन है कि आज का समाज अतीत की सभी मान्यताओं में भावात्मक और रागात्मक सौंदर्य की अनुभूति पा सकता है। मैं आज पति के वियोग में पत्नी के लिए चितारोहण में सौंदर्य नहीं विभीषिका ही अनुभव करता हूँ। मैं उस आदर्श को सुन्दर बनाने का यत्न नहीं कर सकता। मैं अतीत में भी किसी पति के पत्नी के वियोग में चिता पर चढ़ने के लिए व्याकुल होने के उदाहरण नहीं देख पाता तो स्त्री-पुरुषों की समता के विचार के इस युग में मुझे पत्नी के सती होने के आदर्श के प्रति रागात्मक सहानुभूति उत्पन्न करना भीषण अन्याय ही जान पड़ता है। मैं राजा हरिश्चन्द्र द्वारा

ऋण-शोध के लिए पत्नी को बाजार में बेच डालने की कर्त्तव्यपरायणता के लिए भी आदर की अनुभूति उत्पन्न नहीं कर सकता, उसे धर्म नहीं समझ सकता। आज की परिस्थितियों में स्वामिभक्ति के लिए आदर उत्पन्न करना मुझे मानव की समता का अपमान और अन्याय को प्रतिष्ठा देने का यत्न ही जान पड़ता है।

मैं आज दिग्विजय के अन्याय में वीर रस नहीं बल्कि लूट के उन्माद और संहार की विभीषिका देख पाता हूँ। प्रेम के आदर्शों और उन्हें चरितार्थ करने की प्रवृत्तियों में भी मुझे आज अतीत से बहुत अन्तर दिखायी देता है। आज यदि कोई शकुन्तला किसी दुष्यन्त द्वारा भुला दी जाने और अपमानित की जाने पर भी फिर उसी पति के चरणों का आश्रय चाहती है तो वह नारी मुझे मानवी आत्म-सम्मान से शून्य अत्यन्त हेय नारी ही जान पड़ेगी।

इसलिए इन कहानियों में रुचि और सौन्दर्य की भूमि और अभिव्यक्तियाँ अतीत से भिन्न हैं। यह मेरे लिये अनिवार्य है क्योंकि मैं वर्तमान का मनुष्य हूँ। मैं यदि कल्पना में उड़ना चाहूँ तो भविष्य की ओर उड़ने की कामना कर सकता हूँ, अतीत की ओर नहीं। जो लोग वर्तमान के यथार्थ की अवहेलना करने के लिये अतीत के अफीम की पिनक में संतुष्ट रहना चाहते हैं, वे वर्तमान समाज के प्रति ईमानदार नहीं हो सकते।

६-९-१९५८ **—यशपाल**

देहरादून

नैतिक बल

रेल के दूसरे-तीसरे दर्जे में, यात्रियों से, इन्सानियत के नाम पर बैठने भर की जगह के लिए अनुरोध किया जा सकता है। फर्स्ट क्लास में ऐसी बात से कुछ झिझक होती है लेकिन चल भी जाता है। वातानुकूलित (एयर कन्डीशन) में ऐसी बात ओछापन। ऐसा अनुरोध अनसुना रह जाये या रुखा जवाब मिले—इन्तजाम करके चलना चाहिए था।

छः-सात साल पहले की घटना है। तरक्की में ब्रांच मैनेजर बन गया था। उसके साथ ही सफर के दर्जे में भी प्रोमोशन। यात्रा केवल चार घंटे की। रात साढ़े ग्यारह बजे बरेली में उतरना था। पूरे बर्थ की खास जरूरत न थी। निजी काम से या किसी मातहत के साथ न होने पर सेकेण्ड-फर्स्ट में चला जाता परन्तु कम्पनी के काम से जा रहा था। स्टेनो पहुँचाने आया था और चपरासी साथ। निचले दर्जे में सफर से कम्पनी की प्रेस्टीज का सवाल था।

वातानुकूलित बोगी में लगभग आधे कूपे। सभी में नीचे की सीट पर दो-दो मुसाफिर। यानी प्रति बर्थ एक मुसाफिर। चार बर्थ के केवल तीन डिब्बे। दो में चारों बर्थ पर मुसाफिर। एक में केवल तीन मुसाफिर।

संध्या के साढ़े सात का समय। एक बर्थ पर पक्की आयु का एक पुरुष खिड़की की ओर पीठ सटाये अध-पसरा। दूसरे बर्थ पर साड़ी में युवा छरहरे नारी शरीर का आभास। एक स्त्री गाड़ी के फर्श पर रखे बक्स पर बैठी थी। चार घंटे ऊपर खाली बर्थ पर लेटे गुजार देना भी मंजूर था परन्तु डिब्बे पर खड़िया से लिखा था—"रिजर्व्ड कम्पार्टमेंट"।

इस डिब्बे के सामने से एक बार गुजर चुका था। पुरुष से आँखें मिली थीं, मेरी स्थिति भी समझ गया था। पुरुष के चेहरे और आँखों में साधिकार वर्जना ऐसी तमतमाहट कि अनुरोध का साहस कठिन। उस क़म्पार्टमेंट के सामने से दूसरी बार गुजरा तो पुरुष ने, शायद मेरी आतुरता के विचार से, हाथ के संकेत से टोका, "प्ले कार्ड्स?"

स्थिति भाँप कर मुस्कान से उत्तर दिया—"ओह, विद प्लेजर।"

"कम इन" पुरुष ने निमंत्रण दिया।

कुली ने अपना सूटकेश भीतर रखवा कर डिब्बे में कदम रखा तो अच्छी ह्विस्की और बढ़िया सिगरेट के धुएँ की गंध। पुरुष ने अपनी जगह सीधे होकर अपने बर्थ पर बैठने की जगह दी। ताश की एक गड्डी समीप रखी थी।

पुरुष ताश की गड्डी फेंटते हुए बोला—"रमी।"

"ओ०के०" स्वीकारा। एक बार विचार आया पूछ लूँ—कितना प्वाइंट? परन्तु ओछी बात की झिझक से प्रश्न रोक लिया।

पुरुष ने पत्ते बाँटने से पहले बक्स पर बैठी स्त्री की ओर देखकर दो उँगलियाँ उठा दीं।

स्त्री के शरीर पर अच्छी छपी हुई साड़ी थी परन्तु बैठने के ढंग-मुद्रा से नौकरानी। चेहरे और नाक पर चौड़ी फुल्ली से दार्जिलिंग आसाम की ओर की पहाड़न।

स्त्री ने आदेश पाकर डिब्बे की दीवार पर गिलास टिकाने के लिए लगी तार की घटोलियों से दो गिलास लिये। सुराही से जल लेकर गिलासों को प्लास्टिक की बाल्टी में खलखलाया। छोटे साफ सफेद तौलिये से गिलासों को पोंछा। टिफिन बक्स से बोतल निकाली।

कनखी से देखा, सफेद घोड़ा स्काच थी। उससे अधिक कनखी से देखने का आकर्षण था सामने बर्थ पर लेटी, साड़ी में लिपटा युवा नारी

शरीर। अपने समाज के शील के विचार से उधर से नजर हटा ली। एक ही नजर में दिख गया था—गोरी, छरहरी तन्वांगी थी। एक टाँग सीधी पसरी हुई, एक घुटना उठा। कोहनी से उठी बाँह के हाथ की उँगलियों में थमे सिगरेट से धुएँ की पतली रेखा उठ रही थी। कलाई से सफेद नग जड़ी सोने की चूड़ियाँ नीचे ढलकी हुई। बाँह और चेहरा, हाथ हाथीदाँत जैसे गोरे। दूसरा हाथ माथे पर रखा, हथेली ऊपर की ओर। मुझ जैसे बेपरवाह कलाकार की कल्पना जैसी सुन्दर, पतले लाल होंठ, सुघड़ नाक पर हीरे की बड़ी कनी की कील।

नौकरानी ने दो गिलासों में ह्विस्की डालकर तन्वांगी की ओर देखकर पूछा। युवती ने माथे पर रखा हाथ इन्कार में हिला दिया।

नौकरानी ने थर्मस से दोनों गिलासों में बर्फ के दो-दो टुकड़े डाले। सीट के नीचे से दूसरी टोकरी से लेकर एक बोतल सोडे की खोली। दोनों गिलासों में आधोआध कर गिलास हमारे सामने कर दिये।

गिलास लेकर धन्यवाद में पुरुष की ओर मुस्कराया, "बेस्ट लक।"

"चिर्यस!" बिना मुस्कान उत्तर।

ह्विस्की के घूँटों के साथ रमी शुरू हुई। सच बात तो यह कि नजर सामने के बर्थ से बचाये रखने के प्रयत्न के बावजूद ध्यान से वही अपूर्व सौन्दर्य! परन्तु पत्तों की ओर ध्यान रखना भी आवश्यक था।

पहले हाथ में मेरे तीन प्वांइट बने।

मुझे कुछ विस्मय—अपनी पत्नी के लिए बात का ऐसा ढंग। वह अंग्रेजी बोल रहा था। उसने दूसरे हाथ के लिए पत्ते मेरी ओर सरका दिये! मैं फेंट रहा था। उसने बात शुरू कर दी, कितनी थकावट और बोरियत। देहरादून तक चौंसठ घंटे का सफर। दोपहर बाद तेजपुर से प्लेन में दिल्ली। रात देहरे के लिए ट्रेन। कितना आसान हो जाता लेकिन उड़ान के खयाल से इस औरत (उसने दूसरे बर्थ की ओर संकेत किया) का कलेजा काँप जाता है।

"मेरा नियम है, एक साल सितम्बर में दार्जिलिंग, दूसरे साल मसूरी। मसूरी में अच्छी कम्पनी रहती है, पुराने परिचित मिल जाते हैं।" वह कहता गया।

वह ठहर-ठहर कर घूँट ले रहा था।

मुझे भी उसी तरह अन्तराल से घूँट लेते देखकर शिकायत से बोला—"इतना धीमे? मैं तो साँझ से तीन ले चुका। आप लें!"

"ठीक है, ठीक है।" उसे धन्यवाद दिया। उस हाथ में भी मेरे चार प्वाइंट बने। अगले हाथ में उसे दो प्वाइंट मिले। चौथा हाथ समाप्त होने पर उसने गिलास समाप्त कर मेरी ओर अनुरोध से देखा, "खत्म कीजिये न!"

उसकी बात रखने के लिए शेष दो घूँट में सब खींच लिया। उसकी नजर के संकेत से नौकरानी ने पहले मेरे गिलास में एक पेग डालकर बर्फ सोडा दिया फिर उसके गिलास में बनाने लगी।

वह नये पेग से घूँट लेकर फिर बोला—"चाय बागान की जिन्दगी में बहुत बोरियत। पाँच-छह महीने बाद दो-तीन सप्ताह दिल्ली, कलकत्ता, बम्बई न घूम आयें तो आदमी पागल हो जाये।"

"संगति का अभाव भारी हो जाता होगा।" सहानुभूति से कहा।

"इस स्वराज के साथ हम लोगों पर तो मुसीबत आ गयी थी, ये ही जमींदारी उन्मूलन!" वह बताने लगा, "खुद काश्त और बागान के नाम पर कितना बचाया जा सकता था? सौ नहीं डेढ़ सौ एकड़! अट्ठाईस गाँव खोकर डेढ़ सौ एकड़ में कैसे सरता?

"पिता बहुत दूरदर्शी थे, राजनीति की गहरी समझ, राजनैतिक नेताओं से सम्पर्क! अंग्रेजी शासन के समय कांग्रेस को मदद भी देते थे। १९४७ के अन्त में ही समझ गये, जमींदारी अब नहीं बच सकेगी। गांधीजी उसे न बचा सकेगा। जमींदारी सामयिक भावना के प्रतिकूल। अब जमाना इंडस्ट्री का है। भगवान् ने मौका भी बना दिया। स्वराज होते ही चाय बागान के ब्रिटिश मालिकों को कालों का आधिपत्य असह्य। पिता ने अवसर देख जमींदारी पर कर्जा ले पहले एक 'सुन्नाल' इस्टेट खरीदी तो दस गाँव बेंच डाले। बाद में तुरन्त 'बचिया' टी इस्टेट खरीद ली। इधर सवा सौ एकड़ का एक फार्म रखकर सब गाँव बेंच डाले, जमींदारी उन्मूलन का कानून पास होने से डेढ़ बरस पहले ही अब एक इस्टेट साढ़े चार सौ एकड़, दूसरी सवा तीन सौ। सन् पचास के बाद चाय का बाजार भी बेहतर!"

डेढ़ घंटे में नौ हाथ हो गये थे। मेरे सैंतीस प्वाइंट, उसके बारह। उसके अनुरोध पर तीसरा पेग भी लेना पड़ा। नित्य ह्विस्की का शौक

अपने बस का नहीं। साथ-संगत में ली तो प्राय: दो पेग से अधिक न लेने की सावधानी।

नौकरानी गिलासों में ढाल रही थी। उसने अगले हाथ के लिए पत्ते फरफराते हुए मेरे सामने बर्थ के अभिप्राय से पूछ लिया—"ये औरत कैसी जँची?"

प्रश्न! जैसे माथे पर पत्थर आ पड़ा हो। अचकचाकर उसकी ओर देखा। खयाल कौंध गया, अपनी पत्नी के बारे में ऐसा प्रश्न असम्भव! उसकी और तन्वांगी की आयु के अन्तर की ओर भी ध्यान गया।

सम्भल कर कौतूहल से उत्तर दिया—"चमत्कार!"

"दो ही मास पहले इसके लिए साठ हजार दिये हैं।" उसने नौकरानी से गिलास हाथ में लेकर बताया। हम दोनों ने तीसरी बार चियर्स कह कह घूँट लिये।

पत्ते चलते-चलते वह बताने लगा, "दूसरे बाजारों की तरह इस बाजार में भी दाम बढ़ते जा रहे हैं।" वह पत्तों को ध्यान से चलाने के लिए रुक-रुक कर बोल रहा था, "तेरह बरस पहले वहाँ पहली लड़की का तीस हजार दिया था। वह सत्रह साल की थी। छ: बरस बाद दूसरी के लिए पैंतालीस हजार। वह उन्नीस की थी। यह इक्कीस से ज्यादा की, पर साठ हजार!"

नये हाथ के लिए पत्ते मेरी ओर बढ़ाते हुए घूँट लेकर बोला—"अपनी और औरत की उम्र में मुनसबत का भी ख्याल रखना चाहिए। इसके अलावा, एक वक्त पत्नी के अलावा एक से ज्यादा औरत नहीं वर्ना औरत के साथ इन्साफ नहीं हो सकता। जब दूसरी ली पहली के नाम बैंक में दस हजार जमा कराकर बीस हजार में उसके लिए मकान और खेती के लिए जमीन दे दी। दूसरी के लिए बैंक में बीस हजार और पच्चीस हजार में जमीन, मकान! दाम जो बढ़ गये हैं। किसी के साथ अन्याय नहीं होना चाहिए! अब भी उनकी जरूरत परेशानी का खयाल रहता है।"

ढाई पेग से ज्यादा ह्विस्की पेट में पहुँच जाने से दिमाग कुछ उड़ सा रहा था तिस पर न्याय, नैतिकता और औचित्य की धारणा का यह अपरिचित पक्ष! उसे उधेड़बुन में ध्यान पत्तों पर उतना न जम पा रहा

था। बीस हाथ तक मेरे प्वाइंट बानबे थे और उसके बयालीस परन्तु ट्रेन के बरेली स्टेशन के प्लेटफार्म पर रुकते समय पचास प्वाइंट का अन्तर घटकर बाईस रह गया था। आँखों में गहरा गये लाल डोरों और चेहरे पर शराब के तनाव के बावजूद वह अविचलित, तटस्थ बात करता, खेलता जा रहा था। गाड़ी रुक जाने पर दो मिनट बाद हाथ खत्म हुआ।

''संगति के आनन्द के लिए बहुत-बहुत धन्यवाद।''

मैं उठना चाहता था। वह मेरा हाथ थाम पेंसिल से कागज पर लिखे हिसाब पर नजर डालने लगा। इस बार मुझे दो प्वाइंट मिले थे। दो-चार मिनट और ठहरने में हर्ज न था। बरेली स्टेशन पर एक्सप्रेस पन्द्रह मिनट रुकती है।

मैं मौन था। प्वाइंट मैं ही लिख रहा था, उसे दिखाकर, इसलिए मालूम था। उसने नौकरानी की ओर हाथ बढ़ाकर मेरे लिए अबोध भाषा में कुछ कहा।

अनुमान सरल था, जुएँ में हारा पैसा भुगताना चाहता था।

''छोड़िये! छोड़िये!'' मैं उठ खड़ा हुआ। उसके रोकते-रोकते भी सूटकेस और टाइपराइटर के लिए कुली को बुलाने कोरीडोर में बढ़ गया।

कुली को लेकर लौटा तो वह बटुए से नोट गिन रहा था। बटुए की तरफ न देखकर उससे एक बार फिर संगति और ड्रिंक के लिए धन्यवाद में हाथ मिलाना चाहा। वह कोरीडोर में आ गया था। हाथ में थमे नोट मेरे हाथ में देने का आग्रह।

चौबीस प्वाइंट के लिए मुट्ठी भर नोट! कुछ विस्मय, पर समझ लिया, पैसे वाला आदमी है, रुपया प्वाइंट खेलने का आदी होगा।

मेरे ''ना ना'' कहकर हाथ पीछे हटाने पर उसका आग्रह, ''नहीं! खेल का हिसाब न चुकाना अनैतिक!''

मुझसे हाथ मिलाते-मिलाते उसने नोट मेरे कोट के सीने पर जेब में खोंस दिये।

कुली को लेकर रिटायरिंग रूम का रिजर्वेशन किया। सोचा काफी ड्रिंक लिया है, पित्त न बढ़ जाये, कुछ खा लेना जरूरी है। लेट हो गया था सोचा, स्लाइस-आमलेट ही सही।

रेस्तराँ में बैठकर खयाल आया, सीने पर खुली जेब में नोट रखना ठीक नहीं। भीतर की जेब में रखने के लिए पाकेट में दो उँगलियाँ डाल कर नोट निकाले, इतने बड़े-बड़े नोट! क्या पाँच-दस के! पाँच दस रुपया प्वाइंट! माइ गॉड!

नोट निकाल कर देखे। शंका हुई ह्विस्की के प्रभाव में ठीक नहीं देख पा रहा हूँ। आँखें मल कर ध्यान से, बहुत ध्यान से देखा, नोट सौ-सौ के चौबीस! पीठ पर पसीने की धारें बह गयी। रूमाल से माथे और चेहरे को पोंछा—यदि हार जाता तो! इतना तो सब कुछ दे देने पर भी न बनता, अपना डेढ़ मास का वेतन!

स्लाइस और आमलेट की प्रतीक्षा में धक्-धक् सीने से सोच रहा था, कितना नैतिक व्यक्ति! चौबीस सौ रुपये का भी मोह नहीं। अपने सिद्धान्त का पक्का। यह सामन्ती नैतिकता, जिसे मन भर जाने पर एक के बाद दूसरा नारी शरीर मुँह माँगे दामों खरीदते जाने में कोई झिझक नहीं।

इस नैतिक बल का आधार उसके दोनों चाय इस्टेट पर काम करते अट्ठारह सौ आदमियों का श्रम! इस नैतिक भुगतान में उसके प्रति मजदूर का पचहत्तर पैसे का भाग···।

●

सच्ची पूजा

कहानी क्या घटना ही सुनिये। श्री रघुवर दयाल मिश्र कुछ वर्ष से अवकाश प्राप्त हैं। सन् १९३१ में डिप्टी मैजिस्ट्रेट के पद पर नियुक्ति हुई थी। नौकरी में स्थायित्व और शीघ्र उन्नति के प्रयत्न के लिए जवानी की कर्मठ तत्परता की उमंग थी, कुछ बढ़कर दिखाने का उत्साह। दयाल के पिता गत शताब्दी के अन्त में डिप्टी बन गये थे। उस जमाने में शासन सेवाएँ प्रतियोगिता परीक्षाओं से नहीं, खान्दानी सम्मान, कुल समृद्धि और राजभक्ति के विचार से मनोनीत लोगों को दी जाती थीं। दयाल के पिता अवकाश प्राप्त कर चुके थे। उन्होंने होनहार पुत्र को अपने अनुभव से शासकीय सेवा में योग्य विश्वस्त और सफल हो सकने के सब गुर बता दिये थे। जिलाधीश या उच्च अधिकारियों के प्रति विनम्रता और सदा सेवा तत्परता। उच्चाधिकारी के सुझाव या आदेश संगत हों तो आज्ञानुगत मुद्रा में—'हुजूर का हुक्म पूरा होगा।' यदि उच्चाधिकारी का आदेश असंगत जान पड़े, तब भी विनीत तत्पर उत्तर—'हुजूर का हुक्म बजा है। पूरा यत्न किया जायेगा।'

१९३४ में बरेली के जिलाधीश डी० गोर्डन थे। गोर्डन अनुशासन और न्याय के प्रति यथासम्भव शब्दश: सतर्क परन्तु स्वभाव में कृपा और जन

साधारण के लिए सहानुभूति। उन दिनों नगर में विकट समस्या उठ खड़ी हुई। शनै-शनै: बरेली नगर में साँड़ों की संख्या बहुत बढ़ गयी। जैसे वन का राजा सिंह अपने जंगल में प्रतिद्वन्द्वी नहीं सह सकता, वैसे ही कोई साँड़ अपने क्षेत्र में दूसरे साँड़ का प्रवेश या किसी अवसर का उपयोग क्षमा नहीं कर सकता।

आहार की अनिश्चित व्यवस्था और कन्धों और पीठ पर किसी काम का बोझ न होने से नन्दी के वंशजों को अपूर्ण आवश्यकताएँ और निष्क्रिय शक्ति नागरिकों के लिए संकट बनने लगी। साँड़ जिस-तिस हलवाई, कूँजड़े की दूकान पर मुँह मारते फिरते। उन्हें लाठियों, ईंटों के प्रयोग से रोकने या खदेड़ने के प्रयत्न पर साम्प्रदायिक उत्तेजना की सम्भावना हो जाती। इससे भी विकट स्थिति बन जाती, जब किसी गली, बाजार या मंडी में विशालकाय साँड़ क्षेत्र की प्रतिद्वन्द्विता में भिड़ जाते। बाजारों, मंडियों में भगदड़ मच कर दूकानें बन्द हो जातीं। भगदड़ में या साँड़ों के धक्कों से अनेक नागरिक चोटें खा जाते। ऐसी स्थिति में एक बालक और दो बूढ़े जानें खो बैठे थे। साँड़ों के संघर्ष में कुचले जाने वालों में एक जराजीर्ण मौलाना भी थे। इस संकट में साम्प्रदायिक भावना का पुट लग जाने से स्थिति और गम्भीर हो गयी। एक सम्प्रदाय का प्रतिनिधि मण्डल जिलाधीश तक पहुँचा। पशुओं के निरंकुश विहार और उच्छृंखलता से नागरिकों की आपदा और मृत्यु गोर्डन को स्वयं असह्य परन्तु समस्या से गौवंश का सम्बन्ध माना जा सकने की सम्भावना से स्थिति नाजुक थी।

गोर्डन ने स्थिति के उपाय पर विचार के लिए तीनों डिप्टी मैजिस्ट्रेटों को बुलाया। गोर्डन सहृदय और अहिंसक प्रकृति के थे परन्तु ब्रिटिश शासन नीति में निष्णात। किसी भी समस्या में साम्प्रदायिक भावना की छाया का आभास देखते तो उसके समाधान के लिए स्वयं निर्लिप्त रह कर हिन्दुस्तानी अफसरों को आगे रखते।

गोर्डन ने तीनों डिप्टी मैजिस्ट्रेटों को बहुत क्षोभ से सम्बोधन किया, "आप लोग क्या देखता है। किसी सभ्य देश में पशुओं द्वारा नागरिकों के इस प्रकार विनाश की कल्पना नहीं की जा सकती। इस हालत में भी आप लोगों के कानों पर जूँ तक नहीं रेंगती। चार दिन के भीतर किसी

बाजार-मण्डी में एक से अधिक साँड़ नहीं रहना चाहिए। मरखने साँड़ों का तुरन्त उपाय किया जाये।''

गोर्डन ने अपना सुलगता सिगार दयाल की ओर उठाया—''तुम सिटी मैजिस्ट्रेट हो, यह जिम्मेवारी तुम्हारी।''

दयाल एक ही उत्तर दे सकते थे—''यस सर, पूरा यत्न किया जायेगा।''

दयाल ने तीसरे पहर नगर और उपनगरों की नौ पुलिस-चौकियों को आदेश दे दिये, प्रत्येक चौकी से दो-दो सबल साहसी अपने-अपने इलाके से दस-बारह मजबूत हिम्मती जवानों के साथ अमुक-अमुक बाजार, चौकी, मंडी के नाकों पर लाठियाँ और मजबूत रस्सियाँ लेकर रात के नौ बजे जरूरी हुक्म की तामील के लिए हाजिर रहे।

रात बाजार बन्द होते-होते दयाल स्वयं घोड़े पर सवार निकले। सभी मौकों पर तैनात सिपाहियों और उनकी लठैत कुमुक को हुक्म दिया—जिस गली, बाजार, चौक, मंडी में साँड़ या छुट्टे-बैल-बछड़े दिखायी दें, उन्हें बिना किसी दया-माया के हाँककर और बाँधकर नगर के बाहर लालकुआँ और रामनगर की सड़कों पर बीस मील दूर जंगलों में हाँक दिया जाये। दयाल निरीक्षण के लिए स्वयं घोड़े पर साथ रहे। साँड़ों का निष्कासन करने वाली कुमुक दूसरे दिन आधी रात बाद नगर लौट सकी।

तीसरे गोर्डन ने स्वयं नगर का मुआइना किया। दयाल की सूझ और कर्मठता के लिए मुस्कान से प्रशंसा का पुरस्कार दिया।

तीन दिन बाद जंगलों में निष्कासित साँड़ चार-चार, पाँच-पाँच की टोलियों में नगर लौटने लगे। सप्ताह के अन्त तक नगर में फिर साँड़ों की उतनी ही संख्या और वैसा ही उपद्रव।

जिलाधीश ने दयाल को फिर याद किया। गोर्डन के चेरहरे पर क्रोध की तमतमाहट—''यह ही तुम्हारा उपाय और प्रबन्ध था। इन्सानों की खुराक इन्सानों को खा रही है। सरकार ऐसे ही प्रजा की रक्षा करेगी। तुम्हारे मजहब का लोग बावेला करेगा नहीं तो हम सब आवारा साँड़ों को गोली-दम करवा देता। यह जुल्म नहीं चलेगा। आप कैसे बोला, सब ठीक हो गया?''

गोर्डन के क्रोध से दयाल की पीठ पर पसीने की धारें बह गयीं परन्तु भयंकर संकट से मस्तिष्क में सूझ भी कौंध गयी, "ठीक है सर, हजूर मंजूरी दें तो फालतू आवारा साँड़ों को जिला और सेंट्रल जेल में बन्द करवा दिया जाये।"

गोर्डन के क्षोभ में विस्मय की त्यौरियाँ—"होश में हो? भारतीय दण्ड विधान की किस धारा के अन्तर्गत साँड़ों पर मुकदमा चलाकर उन्हें कैद किया जा सकता है?"

दयाल ने उत्तर दिया, "सर, मुकदमे की जरूरत नहीं है। जेल नहीं, आवारा साँड़ों की रक्षा-परवरिश।"

गोर्डन को विस्मय—"क्या कह रहे हो जवान?"

दयाल ने सुझाया—"हुजूर, जेलों में तेल पेरने के कोल्हू हैं, आटा चक्कियाँ हैं, खेती की सिंचाई के लिए चरसे चलते हैं। इन सब कठिन कामों को कैदी करते हैं। साँड़ों को जेल में बन्द करवा दिया जाये। दो दिन भूखे रहकर सीधे हो जायेंगे। उन्हें कोल्हुओं, आटा-चक्कियों और चरसों में जुतवा दिया जाये। जेलों में उनके लिए पर्याप्त चारा-घास। इन्सान कैदी इन्सानों के लायक काम करें, बैल बैलों का।"

'गुड।' गोर्डन समर्थन में मुस्कराये—"जवान तुम जहन रखता है।"

उसी रात गोर्डन की मंजूरी और दयाल के निरीक्षण में आवारा साँड़ों-बछड़ों को हाँक-बाँध कर जेलों में बन्द करने की योजना आरम्भ हो गयी।

नगर में साँड़ों के सहसा गायब हो जाने से गली, बाजारों, चौकों, मंडियों में सुविधा शान्ति थी। परन्तु नगर के बहुसंख्यक सम्प्रदाय में अनेक आशंकाओं से असन्तोष और क्षोभ फैलने लगा। अफवाहें उड़ने लगीं, बेचारे साँड़ों को जेलों में भूखा रखकर और निर्दयता से पीट-पीट कर जोता जा रहा है। विधर्मी सरकार गोरी फौजों और विधर्मियों के लिए गोवंश को कसाई-खानों में भेज़ रही है। धर्मप्राण हिन्दुओं के प्रतिनिधि मण्डल ने इस विषय में जिलाधीश को आवेदन दिया।

गोर्डन आवेदन से कुछ चिन्तित हुए। दयाल को याद किया—"जवान, हमें तुम्हारी सूझ-समझ पर भरोसा है। तुमने साँड़ों के संकट का उपाय किया अब साँड़-पूजा का भी उपाय करो। हम उसका खयाल

करेगा। हम कल ही उत्तर के दौरे पर जा रहे हैं। शहर तुम्हारे हवाले। इस प्रतिनिधि मण्डल से तुम्हें तुरन्त मिलना होगा।''

डिप्टी दयाल ने हिन्दू प्रतिनिधि मण्डल को भेंट के लिए आदर से अपने बँगले पर प्रातः आठ का समय दिया।

अर्दली ने साहब के पूर्व आदेश से अभ्यागतों का हाथ जोड़कर स्वागत किया, उन्हें ड्राइंगरूम में बैठकर निवेदन किया—साहब पूजा में हैं। अभी आते हैं। अभ्यागतों के लिए चमचमाते गिलासों में जल और थाल में पान-सुपारी पेश किये गये। लगभग घंटे भर अर्दली आगतों को तसल्ली देता रहा—साहब पूजा से उठने ही वाले हैं।

डिप्टी दयाल नौ बजे के कुछ बाद—'शिव-ओम, शिव-ओम' सिमरते बैठते में प्रकटे। माथे पर पूजा के समय का रोली-अक्षत का झक-झक टीका, शरीर पर केवल सफेद धोती, कन्धे पर मोटा जनेऊ। अभ्यागतों से प्रतीक्षा के कष्ट के लिए खेद प्रकट करके सेवा के लिए जिज्ञासा की।

प्रतिनिधि लोग कर्मकाण्डी ब्राह्मण डिप्टी साहब के भक्तिभाव से प्रभावित थे। सुनी सूचनाएँ या अफवाहें निवेदन कीं—देवाधिदेव महादेव के वाहन नन्दी के वंशज साँड़ों की प्राणरक्षा, और उन्हें जेलों में अत्याचार से मुक्त कराने के लिए धर्मरक्षक प्रजापालक सरकार के प्रतिनिधि से प्रार्थना की।

डिप्टी दयाल ने 'शिव-ओम, शिव-ओम' उच्चारण से विस्मय और क्षोभ प्रकट किया। घृणित अफवाहों को झूठ और राजद्रोह बताकर आश्वासन दिया, ''ब्रिटिश सरकार सभी सम्प्रदायों की धार्मिक भावनाओं और स्वतन्त्रता का विचार और रक्षा करती है। जिला मैजिस्ट्रेट साहब को और हमें बाजारों में गोवंश को जूठे-सूखे दोने-पत्ते, कागज-कपड़ा, कूड़ा-कचरा खाते और निर्दयी लोगों से ईंटों और लाठियों से मार खाते देखकर दुःख हुआ। उनके लिए उचित चारे-दाने का प्रबन्ध कर दिया गया है। आप में से जो पंच चाहें, हमारे साथ चलकर उनकी हालत देख लें। जेल कैसी? नन्दी के वंशज सरकारी मेहमान हैं। हरा चारा, ताजी पेरी सरसों की खली, भर पेट। देखिये, उनके बदन कैसे गदरा गये हैं। मजे-मजे काम करते आँखें मूँदे जुगाली किया करते हैं। 'शिव-ओम। शिव-ओम।'

एक साहसी प्रतिनिधि ने आपत्ति की—'पंडित जी, भगवान् को अर्पित नन्दी के वंशजों से सेवा लेना ही हमारी धर्म भावना को ठेस पहुँचाता है।'

'शिव-ओम।' दयाल बोले, 'हलों और लढ़िया में जुतने वाले बैल भी गोवंश से नन्दी के भाई। नन्दी भगवान की पूजा ही इसलिए कि वे महादेव की सवारी सेवा करते हैं। सृष्टि में किसी भी जीव को उचित उत्पादक सेवा और सन्तुष्ट-आहार का अवसर देना ही उसका सच्चा आदर और सच्ची पूजा।' दयाल साहब ने 'शिव-ओम' उच्चारण से भक्ति भाव में नेत्र मूँद आकाश की ओर हाथ जोड़ दिये।

●

कौन जाने ?

मैं शुरू से बताती हूँ!

रिटायर होने के पहले नानाजी को बँगला बैंक से मिलता था। उसके साथ फर्नीचर, पर्दे, लैम्प जैसी चीजें और दो अर्दली। बँगले के चारों ओर एकड़ भर जगह में बाग-बगीचा। बगीचे के रख-रखाव और माली का खर्च भी बैंक से। नानाजी को फुलवाड़ी-बगीचे का शौक शुरू से व्यसन जैसा रहा। स्वयं बताते हैं, बगीचे पर बैंक से निश्चित से अधिक खर्च हो जाता तो अपनी जेब से देते। तरह-तरह के गुलाब, डालिया, ग्लेडियोली, कार्नेशन, क्रोटन और दूसरे सजावटी पौधे बंगलौर, पूना, सिक्किम, शिमला, पूसा और मेरठ की नर्सरियों से मँगवाते रहते। एक बार ग्लेडियोली और लाला (ट्यूलिप) की गाँठें हालैण्ड से मँगवायीं। पौधों पर कलम या कल्ले बाँधते और खादों के प्रयोग करते रहते।

नानाजी ने रिटायार होने से दो बरस पहले ही इस कालोनी में यह मकान बनावा लिया था। मकानियत से तिगुनी जगह फुलवाड़ी-बगीचे के लिए रखी। मकान की छतें और फर्श बन रहे थे और लकड़ी का काम जारी था तभी माली लगा लिया था। गोरखपुर से आकर लॉन और

क्यारियों की दागबेल स्वयं डलवायी। तीसरे-चौथे सप्ताह आकर निरीक्षण कर जाते। सब काम मनमाफिक और स्तरीय हो, इस निगरानी के लिए सेक्रेटेरियेट से रिटायर हमारे फूफाजी को एक नौकर देकर यहाँ टिका दिया था। फूफाजी ने अपनी समझ से सामने के लॉन के अन्त में तीन पेड़ दसहरी आम के, दो अमरूद के और पिछवाड़े दो कटहल लगवा दिये थे। नानाजी ने देखा तो पेड़ तुरन्त निकलवा दिये। फूफाजी बोले, इतने पेड़ों से घर की, साल भर की जरूरत पूरी तो हो न जायेगी। बाजार से खरीदना पड़ेगा ही। फल, तरकारी बाजार में मिलते हैं। यह कुछ जगह मनभावन फूल-पौधों के लिए ही रहे।

यों तो पास-पड़ोस के लोग और आने-जाने वाले अब भी हमारे लॉन और बगीचे को सराहते नहीं अघाते परन्तु कुछ बरस पहले और ही बात थी। नौ बरस पूर्व जब मैं सेंट मेरी में पढ़ने के लिए आयी, तब भी नानाजी फरवरी-मार्च में महीना भर नये गुलाब बाँधने में लगे रहते। ग्लेडियोली, डालिया और नरगिस की गाँठें सिक्किम और रानीखेत से मँगवाते। मकान के चारों ओर कितने गुलाब थे और कैसे-कैसे लोग उनके रंगीन फोटो ले जाते। मुझे भी गुलाब की कितनी ही किस्मों, क्रिमजनग्लोरी, कॉनफीडेंस, मिराण्डी-विरागो, माँटिज्यूमा, क्राइसलर, रूजवेल्ट, नेहरू आदि चालीस-पैंतालीस गुलाओं की परख-पहचान हो गयी थी। बगीचे में इतने फूल होने पर भी कमरों में सजावट के लिए या मित्रों के यहाँ भेजने के फल नानाजी कैंची लेकर स्वयं काटते या माली से अपने सामने कटवाते, इस ढंग से कि क्यारियों की रौनक फीकी न पड़े। कभी लीला दीदी और मैं कोई खास फूल सिर में लगाने के लिए चुपके से काट लेतीं तो नानाजी की नजर से बच न पाता। कद्रदानों को फूल भेंट कर बहुत सन्तोष पाते। हम लोग अपनी टीचर्स के जन्मदिनों पर या चर्च में सर्विस के समय ऐसे और इतने फूल ले जातीं कि हमारी धाक बँधी थी। लेकिन आवारा लड़के लुक-छिप कर फूल तोड़ ले जायें या चारदीवारी के तारों पर छायी बोगनबेलिया, अलमंडा, टिकोमा, नित्यमल्लिका के फूल नोंच लें तो नानाजी धमकाते—फिर ऐसा किया तो तुम पर कुत्ता छोड़ देंगे।

नानाजी पेंशन टैक्स कटने के बाद आठ सौ ही पाते थे। सोच-विचार कर व्यवसाय में लगायी, बचत पूँजी पर, लाभांश का बड़ा सहारा

था, अधिकतम लाभ और विश्वस्त व्यवसाय के विचार से नानाजी ने अपनी बचत रकम का तीन चौथाई, अपने सहपाठी, घनिष्ठ मित्र, खानदानी व्यवसायी रईस की पुश्तैनी चोब कम्पनी में लगा दिया था। ग्यारह बरस तक वह धन्धा सन्तोष और उत्साह-वर्धक रहा। सन् ७२ तक नानाजी का ढंग अफसरी के समय के स्तर से नीचे न आया था।

१९७० में नानाजी के मित्र की अकस्मात आकाल मृत्यु के बाद ७१-७२ में चोब कम्पनी पर जाने कौन मुसीबतें, भाइयों-भागीदारों में झगड़े, उसके साथ प्राकृतिक और राजनैतिक कारणों से भी आ पड़ीं कि लिमिटेड कम्पनी ने दिन में दिया जला दिया। कम्पनी के दिवाले के दिये की लौ में नानाजी का मुख्य सहारा भी फुँक गया।

सब जानते हैं, कई बरस से रुपया लगातार मिट्टी होता आ रहा है। पहले एक रुपये में बहुत कुछ मिलता था, अब दस-बारह में भी उतना नहीं। तिस पर नानाजी के सहारे के मुख्य स्तम्भ गिर जाने का धक्का। लीला बहिन का ब्याह जनवरी ७२ में हुआ। निर्मल मामाजी बम्बई में 'पद्मराज ग्रियर्सन' में इन्जीनियर हैं। वहाँ फ्लैट का किराया ही ६ सौ मासिक। छोटा बेटा-बेटी महँगे स्कूलों में। ब्याह दहेज सब नानाजी को निबाहना पड़ा। नानाजी ने अपनी जानी-मानी हैसियत के अनुकूल निबाहा भी। उसके महीना बाद मोटर बनारस, हमारे यहाँ भिजवा दी और ड्राइवर की छुट्टी कर दी। सभी नानाजी के सहसा ढल जाने की बातें कहने लगे।

नानाजी हर बरसात में पुराने पड़ गये गुलाब निकलवाकर नये लगवाते रहते थे। इस साल नये गुलाब न आये। तरकारियों के दाम पहले से ढाई-गुना हो गये थे। पिछवाड़े की क्यारियों से गुलाब निकलवाकर वहाँ सब्जियाँ बो दी गयीं। क्यारियों की गोटों पर सस्ते किस्म के सदाबहार बबेना, पिटूनिया, डिमान्थस बने रहे। पिछवाड़े उत्तर की चारदीवारी के साथ ऊँचे-ऊँचे हॉलीहॉक की जगह मक्का के भुट्टे सुनहली रेशम कातने लगे या बरसाती ऊँची भिण्डियों के फूल टहकने लगे। अगल-बगल, पूर्व-पश्चिम भी जोकोमेंशिया, विनिस्टा, स्टेला की जगहें लौकी, तुरई, सेम, लोभिया लेने लगे।

चेहरे पर झुर्रियों को रोक सकना तो नानाजी के बस का था। परन्तु बात-चीत में चिन्ता-अवसाद प्रकट न होने देते। लौकी, कुम्हड़े, तुरई

और सेम की बेलों और मटर की क्यारियों की ओर संकेत कर कहते— ''वाह! यह क्या अलमंडा, टिकोमा, विनिस्टा और थनबर्जिया से कम हैं। यह फूल केवल दो दिन का दिखावा नहीं, जीवन पोषक सार्थक फल बन जाते हैं।''

''इस साल अप्रैल में ईस्टर से पहले बृहस्पतिवार सिस्टर जीरीना ने स्वयं आकर नानाजी से अनुरोध किया—''आप सदा अवसर पर सहारा देते हैं। ईस्टर सर्विसेज (पूजाओं) के लिए हमें अधिक फूलों की जरूरत होती है। खासतौर पर सफेद और गुलाबी ईस्टर लिली आपके यहाँ ही है—''

नानाजी ने माली को पुकार कर स्वयं फूल कटवाये। जब तक सिस्टर ने स्वयं गद्गद कंठ से ' पर्याप्त! पर्याप्त! धन्यवाद!'' न कह दिया फूल कटवाते गये। बाँह भर गुलाबी और सफेद लिली के हाथ-हाथ भर के डण्ठल। गुलाब अप्रैल में उतने अच्छे रह नहीं जाते फिर भी काफी दिये। आसमानी रंग की डेजी की फूल लदी छड़ियाँ, लाल-पीले और केसरी रंग के ककमंजन के भारी-भारी गुच्छों की टहनियाँ नित्यमल्लिका के बड़े-बड़े गुच्छे भरी लतरों के टुकड़ों। सिस्टर कॉन्वेंट का माली साथ लायी थीं। परन्तु इतने फूल ले जाने के लिए रिक्शा जरूरी हुआ।

मैं सिस्टर को रिक्शा पर बैठा कर सड़क से लौटी तो नानाजी लॉन में थे। चारों ओर नजर डालने पर मेरे मुख से निकल गया—''हाय, कितने फूल एक साथ कट गये, सूना-सूना लग रहा है।''

''कोई बात नहीं बेटा'', नानाजी सान्त्वना के लिए बोले, ''तुम्हारी सिस्टर्स को और ईस्टर पूजा के लिए गिरजा जाने वाले वयस्कों को धूम-धाम से पूजा का सन्तोष होगा। फूल देव-पूजा में लगकर सार्थक हो गये।''

अगले सुबह कॉलेज नहीं जाना था। अभ्यास से नींद सूर्योदय से काफी पहले खुल गयी। बाहर आयी तो नानाजी लॉन में कुर्सी पर बैठ ताजा अखबार देख रहे थे। बरामदे के आगे बोगनबेलिया के वितान और चारदीवारी के कँटेदार तारों पर फैली धीमा, केली, नित्यमल्लिका और बेगनोनिया की बेलों में बुलबुलें चहचहा रही थीं। मैं चप्पल एक ओर छोड़, ओस भीगी घास के शीतल स्पर्श के लिए लॉन में टहलने लगी।

गेट पर ताला न था। फाटक उड़के हुए थे। बेलन भी न लगी थी। अनुमान हो गया, महरी आयी होगी और माली दूध के लिए गया होगा।

मैं लॉन के पूर्वी अन्त तक जाकर लौट रही थी। सन्देह हुआ कोई मकान के पिछवाड़े से पश्चिम ओर दुबके पाँव गेट की ओर जा रही है। मेरे घूम जाने से बरामदे के खम्भे की आड़ में ठिठक गयी है। इस कॉलोनी में ऐसी छुट-पुट चोरियाँ अक्सर होती रहती हैं। पुकार लिया—कौन है? सोचा, महरी है तो उसे दुबकने की क्या जरूरत? जरूर कुछ उड़ा ले जा रही होगी पर कद छोटा, लड़की का सा लगा।

''कौन है?'' नानाजी की उपस्थिति के साहस से एक बार और जोर से पुकार कर उस ओर बढ़ गयी। खम्भे की आड़ में दुबकी हुई थी, महरी की बारह बरस की लड़की गुनिया। छोटी चीकट-चीथड़ा धोती कमर पर गाँठ से बाँधे थी और धोती के आँचल में कुछ दबोचे हुए। नजर पड़ने पर उसका छोटा कद दुबकी बिल्ली की तरह और सिकुड़ गया। महरी और उसकी बेटियों की चोरी की आदत से परेशान हैं परन्तु महरी चौका-बासन अच्छा करती है। साँझ का चौका रात दस तक निबटा देती है। उस वक्त न आ सके तो सुबह पौ फटते आ जाती है। दूसरी महरी मिलना भी मुहाल। इससे पहले जितनी आयीं एक से एक बढ़ कर चोट्टी।

गुनिया को डाँटा—सुबह-सुबह क्या करने आयी थी? झोले में क्या है? गुनिया का साँवला चेहरा फक्क। आतंक से आँखों में छिली लीची की तरह सजल-सफेद कोये और फैल गये। चीकट झोली को और दबा लिया। मुँह से बोल न फूट सका।

''बोलती क्यों नहीं! दिखा झोली में क्या है?'' गुनिया को धमकाया।

''आज पकड़ी गयी चोट्टी।'' फाटक की ओर से माली का स्वर। दूध की बंद बाल्टी एक ओर रखकर माली ने गुनिया की नीची मुट्ठी से उसकी झोली छुड़ा ली। झोली में तीन-चार मुट्ठी फूल थे। बिना उण्ठल फूल, उँगलियों से मरोड़ कर या टहनियों को सूतकर तोड़ने से कुछ मसले-कुचले से डियान्थस, पिटूनियाँ, डेजी के मिले-जुले फूल। बीच में पिछवाड़े शेष रह गये पेड़ों से डण्ठल मरोड़ कर तोड़े हुए बेरौनक तीन-चार गुलाब और नित्यमल्लिका के गुच्छों से नोचे हुए फूल।

माली ने अवधी के नागरी उच्चारण में कहा—"हम जानत रहे, हम दूध दूध लेने जात हैं तभी ई और ई का बहिनी फूल तोड़ ले जात हैं। इनकी माँ और दोनों बहिनी ऐसी ही थोरी-थोरी फूल चुराती हैं। बाप साला इनका रिक्शा चलात रहा। ट्रक से अक्सीडेंट में आड़े बैठा। माँ-बेटी चोरी से फूल बटोरती हैं। महरा साला चोरी के फूल अलीगंज के बड़े मन्दिर के सामने बेचता है। भगवान की पूजा के लिए चोरी के फूल।" माली ने क्रोध में फूल गुनिया की झोली से गिरा दिये।

सुनकर अच्छा नहीं लगा। कहा—माली दादा, ऐसे तोड़े-मसले फूल हमारे किस काम के! ले जाने दो! गुनिया को डाँटा, "आज माफ किया। फिर ऐसे चोरी करेगी तो पीट-पाट कर पीठ सुजा देंगे!"

"नहीं बिटिया जी", माली बोला, "इ का अस न जाय देव, हमई इसका थाने पहुँचाई। एक लोग फूल भगवान की पूजा में चढ़ावत हैं ई ससुर चोरी का फूल पूजा के लिए बेचत हैं।"

"क्या है?" नानाजी अखबार हाथ में लिये बढ़ आये थे। मामला उन्होंने सुन लिया था परन्तु माली ने गुनिया की चोरी बखान कर कहा, "ई का फूल न ले जाय देव। हम ई चोट्टी का जरूरै पुलिस में देव। हजूर चौकी में फून कर देव।"

"जाने दो चौधरी" नानाजी बोले "बेचारी मुसीबत में हैं। किसी तरह पेट पालते हैं। समझ लो, ये फूल सार्थक हो गये।"

माली नानाजी का कुछ मुँह लगा है फिर बोला, "हजूर चोरी-चकारी के ऐसे करम करिहैं तो भगवान इनका मुसीबत केरेगा ही।"

नानाजी ने मुँह फेर कर निश्वास लिया—"कौन जाने कैसे करमों से मुसीबत आती है या आफत-मुसीबत सब करम करा देती है।"

●

बिना रोमांस

जी० पैडले और टी० लैंगले इंडियन सिविल सर्विस में साथ ही भरती हुए थे। कद-कामत में दोनों बहुत कुछ एक जैसे परन्तु प्रवृत्ति और प्रकृति से बहुत भिन्न। दोनों इंगलैंड के राकॅबरी कसबे के पड़ोसी, प्राय: समवयस्क आरम्भिक शिक्षा में सहपाठी। पैडले भारत आकर, तब संयुक्त प्रान्त के पश्चिमी जिले में ज्वाइंट मैजिस्ट्रेट बना और लैंगले कुमाऊँ के जंगलालत में डी०फ०ओ०। लैंगले प्राय: ही गहरी बरसात में तीन-चार सप्ताह का अवकाश पैडले के यहाँ बिताता।

पैडले के यहाँ रहते समय लैंगले सूर्यास्त के समय अफसरों के क्लब में पहुँच जाता। अँधेरा गहराने तक टेनिस-लॉन में। उसके बाद आधी-रात तक ह्विस्की, डिनर और ताश। पैडले दिन का काम निबटा कर कचहरी से कुछ विलम्ब से लौटता। संध्या की चाय प्राय: सूर्यास्त के समय। पैडले के लिए क्लब जाना भी दिल बहलाव नहीं ड्यूटी का ही भाग था, जब कभी दूसरे अफसरों से आमने-सामने परामर्श जरूरी होता वर्ना मौसम के अनुसार तीन-चार मील पैदल सैर के लिए निकल जाता। कभी घोड़ा कसवा कर कुछ मील सवारी का व्यायाम। उस समय

अनायास कोई मुआयना भी हो जाता। संध्या खाने से पहले या बाद कोई पत्र-पत्रिका, पुस्तक देखता या किसी से विशेष भेंट परामर्श।

पैडले के यहाँ १९३४ से लैंगले का आना-जाना बढ़ गया। उस वर्ष पैडले बरेली में मैजिस्ट्रेट बन गया था और लैंगले कुमाऊँ में जगलात का कंजर्वेटर। खास कारण था, लैंगले का मार्था बोल्टन से विवाह। मार्था और लैंगले का विवाह आठ-दस मास पूर्व कलकत्ता में हुआ था। परन्तु पैडले और मार्था का सप्ताह भर का परिचय ही प्रकृतियों के साम्य से सौजन्य की मैत्री बन गया। मार्था को भी ह्विस्की, नाच, ताश में रुचि न थी। लैंगले के साथ नित्य क्लब जाना उसके लिए ऊब बन जाती। सप्ताह में दो, कभी तीन बार भी संध्या पैदल या घोड़े पर पैडले के साथ सैर को निकल जाती। कभी दोनों बैठक में बैठ पत्र या पुस्तक में पढ़े प्रसंग पर बात-चीत करते रहते।

पैडले स्वभाव से मित्रों के भी निजी मामलों को सूँघने, झाँकने से दूर रहता था। लैंगले और मार्था विवाह के बाद पैडले के पाहुने बने तो उन्हें विवाह के लिए बधाई जरूर दी—'लैंगले तुम अड़तीस लाँघ रहे हो। औपनिवेशिक चाकरी के वनवास में तुमने योग्य जीवन साथी के लिए सब्र से इन्तजार किया। बधाई, तुम्हारे सब्र का उचित और भरपूर फल मिला। मिसेज लैंगले को भी प्रतीक्षा से योग्य साथी पाने के लिए बधाई।'

लैंगले हँस दिया—'तुम्हारी परख और सब्र तो बड़े कड़े हैं। क्या मौन्क (आजीवन अविवाहित साधु) बनने का व्रत ले लिया है?'

पैडले हँसने के बजाय गम्भीर हो गया—''व्रत लेने की नौबत ही नहीं आयी। मनुष्य की प्रवृत्ति और योग्यता ही उसके लिए अवसर बनाते हैं।'' फिर मुस्कराया—''रोमांस शायद मेरे रक्त में नहीं। रोमांस के नाटक के बजाय ठोस धरती पर कदम जमाये रखने में ही खैरियत।''

अगस्त की गहरी बरसातों के दिन थे। पिछली रात और तीसरे पहर तक बरस कर बादल फटे थे। बरसकर हलके हो गये बादल क्षितिज पर पसरे सूर्यास्त के समय क्षण-क्षण रंग बदल रहे थे। बहुत सुहावनी बयार थी। पैडले ने संध्या की चाय लेते समय साईस को घोड़ा कसने का हुक्म देकर मार्था से पूछा, शहर के बाहर धुली हवा की ताजगी की बानगी लेना चाहोगी? मार्था ने सुझाव का सोत्साह स्वागत किया।

उससे पूर्व पैडले के कौतूहल के बिना ही मार्था जब तक छुट-पुट वाक्यों में अपना कुछ पूर्व परिचय दे चुकी थी। मार्था के पिता डोनाल्ड बोल्ट भारत में 'ओशन्स ट्रांसपोर्ट' के भागीदार मैनेजर थे। कलकत्ता में जूट का कारोबार भी था। इंगलैंड आते-जाते रहते थे। अपने राष्ट्रीय रक्त और सांस्कृतिक शुद्धता के लिए मार्था और उसके छोटे भाई जिम बोल्ट के जन्म और अधिकांश शिक्षा-दीक्षा इंगलैंड में ही हुई थी।

उस संध्या पैडले और मार्था सैर के लिए घोड़ों पर बरेली छावनी से पक्की सड़क पर दूर तक चले गये। मार्था किसी पुराने प्रसंग के उल्लेख से बताने लगी—आपका अनुमान गलत नहीं था कि मैं लगभग बत्तीस की हूँ परन्तु यह मेरा दूसरा विवाह है। बाईस की आयु में साहित्य में बी०ए० किया तब विचार था, विवाह न कर अध्यापक बनी रह कर ब्रिटेन में बस जाने का परन्तु कैम्ब्रिज के एक अध्यापक की संगति में सब बदल गया। हम लोगों ने नौ मास में ही विवाह कर लिया। डेढ़ बरस में ही डिकसन और मेरे स्वभाव के विरोध एक दूसरे के लिए असह्य होने लगे और इतने कि हम दोनों एक ही बात में सहमत हो सके, हम परस्पर अनुपयुक्त हैं, तलाक ले लेने में ही शान्ति।

मार्था घोड़े पर थी परन्तु रुक-रुक कर बोल रही थी जैसे तेज चलता व्यक्ति दम फूल जाने से साँस ले-लेकर बात करता है।

मार्था साँस लेने के लिए क्षण भर रुकी थी कि पैडले ने कह दिया—"मुझे उस तरह का कोई अनुभव नहीं परन्तु वह सहमति ही समझदारी थी। अंगूर के रस का गिलास सिरका बन जाये तो उसके घूँट इसलिए भरते रहना ठीक नहीं कि अंगूर का रस समझकर लिया था।"

मार्था ने समर्थन में सान्त्वना की गहरी साँस लेकर कहा—"हमने कानूनी पृथकता ले ली। आकर्षण में दूरी दरद बन जाती है परन्तु विकर्षण में सामीप्य भयंकरतम यातना। डिकसन के प्रति विरक्ति से इंगलैंड की सुहावनी लगने वाली परिस्थितियाँ मेरे लिए असह्य हो गयीं। उस यातना से दूर भाग सकने के लिए नौकरी छोड़कर पिता के यहाँ भारत आ गयी। उस सम्बन्ध की चेतना अपने प्रति असह्य ग्लानि बनी रहती। तीन वर्ष की कानूनी अवधि पूरी कर मानसिक यातना से मुक्ति के लिए इंगलैंड जाकर तलाक ले लिया। तब लगा, बदरों से उबर कर स्वस्थ वायु का साँस पाया।"

पैडले ने गम्भीर निश्वास से समर्थन किया—"जीवन भावुकता के परों पर नहीं, अनुभव के कदमों पर चलता है। लोक निन्दा से आतंकित न होकर साहस से सत्याचरण के लिए आपका आदर करता हूँ।"

फर्लांग भर घोड़े पर मौन रहने के बाद मार्था फिर बोली—"सन् १९३२ के क्रिसमस से कुछ दिन पूर्व कलकत्ता में 'थ्री हंडरेड क्लब' में लैंगले से प्रथम परिचय हुआ था। उसका सीधा, निश्छल व्यवहार मेरे चुटियाये मान कर ठंडे लेप की तरह लगा। फरिश्ता होने का दम्भ नहीं, बस मानव। चार-पाँच बार भेंट के बाद नित्य संध्या मिलन। लैंगले पन्द्रह दिन का अवकाश बढ़ाकर आधी जनवरी तक कलकत्ता टिका रहा। उसके कलकत्ता छोड़ने से पूर्व हम वचनबद्ध हो गये।"

पैडले ने हुङ्कारा भरा—"हाँ, याद है, ३३ की बरसात में लैंगले ने अक्टूबर में अपने विवाह के अवसर पर दार्जिलिंग आने का निमंत्रण दिया था परन्तु कमिश्नर ग्रीव्स नार्टन के अस्वस्थ होने के कारण उसका भी काम मुझे सम्भालना पड़ रहा था। मुझे अवकाश न मिल सका।"

मार्था बोली—"लैंगले और आपके परस्पर भरोसे और मैत्री से अधिक समाधान हुआ। व्यक्ति के मित्र उसके चारों ओर लटके आईने होते हैं। किसी को पहचानने का सबसे अच्छा माध्यम उसके विश्वस्त मित्र।"

पैडले ने समर्थन किया—"आप दोनों को सन्तुष्ट देखकर बहुत अच्छा लगता है। बीते को बिसारिये। भूल को पहचान लेना ही समझदारी। भूल से तुलना बिना सही क्या? शरीर पर लगा मैल धो देना स्वास्थ्यकर वैसे ही मन से मैल का बोझ दूर कर देना उचित।"

लैंगले दम्पत्ति प्रतिवर्ष गहरी बरसातों में या कभी लखनऊ-कलकत्ता आते-जाते दो-चार दिन के लिए बरेली में पैडले के पाहुने रह जाते।

पैडले मितभाषी था परन्तु चरम चक्षु और मानस चक्षु दोनों ही तीक्ष्ण। लैंगले और मार्था के चौथी बार आने पर उसे दोनों के ऐक्य की ऊष्मा में कुछ शैथिल्य लगा। मार्था कुछ उखड़ी-उखड़ी सी थी। जैसे कुछ कहना चाहती हो परन्तु आत्मदमन से मौन। एक संध्या मार्था अनमनी-सी बोल गयी—"जिन्दगी क्या खाना-पीना, पहनना खेलना ही है। उसका कुछ प्रयोजन नहीं।"

पैडले को लगा जैसे एक वाक्य में लैंगले का परिचय। मार्था की खिन्नता के लिए एक सहानुभूति सी और मित्र दम्पत्ति के सम्बन्ध के लिए खेद। पैडले औचित्य के विचार से वह सब अंजाना किये रहा। सन् १९३५ तक लैंगले दम्पत्ति बरेली में पाँच बार पैडले के पाहनु रहे। फिर पैडले को लैंगले दम्पत्ति का कोई समाचार न मिला। पैडले की शासन कार्य में सदा व्यस्तता और कुछ आत्मतुष्ट प्रकृति के कारण निजी पत्र व्यवहार उसका बहुत कम था।

१९३७ फरवरी में पैडले लखनऊ का जिला मैजिस्ट्रेट हो गया। लखनऊ जम जाने पर बरसात से पहले ही उसने लैंगले को लिखा— "जानते हो, लखनऊ में बरेली की अपेक्षा सभी प्रकार की सुविधा है। रोचक और पार्कों का नगर। कई क्लबें, अपेक्षाकृत अधिक रंगीली और सम्पन्न। केवल योरूपियनों के लिए छतर मंजिल भी। जिला मैजिस्ट्रेट का निवास भी खूब बड़ा और सुविधाजनक। आप लोगों का स्वागत।"

लैंगले का उत्तर मिला—"निमंत्रण के लिए धन्यवाद। लार्सन ने लिखा है, वह देहरादून आ रहा है। हमारी योजना है, घोड़ों पर देहरादून से चकरौता, मंसूरी, शिमला और शिमला से कुल्लू-मनाली तक की यात्रा। मार्था गत सप्ताह कलकत्ता चली गयी है। उसकी इच्छा दो-अढ़ाई मास माँ के साथ दार्जिलिंग में बिताने की थी। हम दोनों का धन्यवाद।"

पैडले के अनुभवी शासक के मस्तिष्क में खटका— नैनीताल से कलकत्ता जाने का मार्ग लखनऊ के सिवा अन्य कौन? लैंगले ने पत्नी के लिए यात्रा की सुविधा के विषय में कुछ भी सूचना नहीं दी। अस्तु, लैंगले इस विषय में मौन रहा तो पैडले भी उस प्रसंग को क्यों कुरेदता। लगभग तीन बरस तक लैंगले दम्पत्ति न लखनऊ में आये और न उनका कोई पत्र। पैडले ने भी बात न उठायी।

१९४० दिसम्बर की २० तारीख। पैडले नाश्ता ले रहा था। उस दिन पैडले का कार्यक्रम सुबह ही 'बक्शी का तालब' की ओर मुआइने का था। साढ़े दस पर सेक्रेटेरियेट में चीफ सेक्रेटरी से भेंट। दोपहर कचहरी में कुछ पेशियाँ। नाश्ते के समय अर्दली ने एक तार पेश कर दिया। कलकत्ता से था—"२० दिसम्बर कराची मेल से पहुँच रही हूँ। असुविधा न हो तो सप्ताह दस दिन रहूँगी।—मार्था।"

उन दिनों हावड़ा-कराची मेल लखनऊ ग्यारह बजे पहुँचती थी। पैडले ने पल भर सोचा और फोन पर पी०ए० को अपना दोपहर तक का कार्यक्रम बताकर आदेश दिया—कराची मेल के समय स्वयं गाड़ी लेकर स्टेशन जाये। मेहमानों के लिए सब आवश्यक सुविधा का खयाल रखे। अर्दली और बैरे को भी समझा दिया, हम मेहमानों से लंच के समय मिलेंगे। निजी कारणों से सरकारी काम-काज में अदल-बदल करने की पैडले की आदत न थी।

पैडले दोपहर सवा बजे लंच के लिए आया। मार्था यात्रा के बाद कपड़े बदल कर कुछ विश्राम कर चुकी थी। भीतर के बरामदे में लंच के सामने आराम कुर्सी पर दैनिक पत्र देख रही थी। लम्बी यात्रा और सफर की उनींदी रात की थकान चेहरे से पूर्णतः मिट न पायी थी।

'स्वागत।' पैडले बरामदे में कदम रखते ही उल्लास से बोला— "लैंगले क्या भीतर हैं?" उत्तर की प्रतीक्षा बिना कह गया, "कलकत्ता के क्रिसमस और नववर्ष के जलसे छोड़कर इस एकाकी को संगति की कृपा के लिए सौ-सौ धन्यवाद।"

मार्था मुस्कराई नहीं, नजर बचाकर उत्तर दिया "जान पड़ता है तार ध्यान से नहीं देखा। अकेली आयी हूँ। लैंगले स्केटिंग के लिए गुलमर्ग गया है। जानते हो, मुझे जलसों की भीड़ और गुल से घबराहट होने लगती है। अजीब मानसिक उलझन में थी। कुछ दिन एकान्त की शान्ति के लिए यही स्थान सूझा।" मार्था नजरें बचाये थकी सी बोल रही थी।

भोजन के समय मार्था पिता के यहाँ सिंगापुर और हाँगकाँग से आये मेहमानों की चर्चा करती रही और कहा संध्या लौटोगे तो फुर्सत से बातें होंगी।

लंच के बाद पैडले ने मार्था की सफर की थकान के विचार से उसे विश्राम की राय दी। स्वयं बरामदे में बैठकर एक सिगार समाप्त किया। लौटने से पहले अर्दली को अन्य आवश्यक आदेश दे दिया।

मार्था की नींद ठोंक-ठाक की आहटों से टूटी। जाड़े का दिन ढल रहा था। मार्था ने खिड़की से झाँका। लॉन में एक बड़ी छोलदारी, जैसी बड़े अफसरों के दौरे के समय लगायी जाती है, चुस्त खड़ी हो चुकी थी।

मार्था ने अनुमान किया—जरूर बहुत से मेहमान आ रहे हैं। दो-चार मेहमानों के लिए इतने बड़े बँगले में स्थान की क्या कमी? यहाँ भी वही भीड़। किस-किस से क्या कहूँगी। बिना पूछे आ जाना ठीक न हुआ।

बैरा मेहमान को उठ गयी देखकर चाय ला रहा था तब तक पैडले भी आ गया। "विश्राम का कुछ अवसर मिला?" वह समीप कुर्सी पर बैठ गया।

मार्था ने पैडले को धन्यवाद देकर क्षमा सी माँगी—"मिस्टर पैडले मालूम न था, आपके यहाँ इतने मेहमान आ रहे हैं। मैं यहाँ आने के बजाय दार्जिलिंग जा सकती थी।"

"कौन? कैसे मेहमान?" पैडले ने पूछा। "आप ही अकेली मेहमान हैं।"

"तो इतनी बड़ी छोलदारी किसके लिए?" मार्था ने विस्मय प्रकट किया।

"छोलदारी मेरे लिए" पैडले ने बताया। "मिसेज लैंगले इस बार आप अकेली हैं। मैं अकेला, बिना पत्नी के। ऐसी परिस्थितियों में ये ही उचित समझा। जानती हो, सामान्यतः दो नर-नारियों के एक मकान में होने पर कैसे बाते बनने लगती हैं और यह हिन्दुस्तान। यहाँ के अधिकांश लोग स्त्री-पुरुषों में नर-मादा के सम्बन्ध में अतिरिक्त अन्य कल्पना ही नहीं कर सकते। नौकरों-चाकरों की नजरों या विचार में आपके सम्मान के लिए ये ही उचित रहेगा।"

मार्था की नजर लॉन की ओर थी। चाय भूलकर बोली—"दोपहर में भी कहा था, आपके तार ध्यान से नहीं पढ़ा। मैं अब मिसेज लैंगले नहीं हूँ। १७ दिसम्बर को तलाक ले लिया।"

मार्था की बात ने पैडले की कुछ धुँधली-सी स्मृतियों को कुरेद दिया। सन् १९३६ में लैंगले दम्पत्ति बरेली में उसके यहाँ आये थे तब दोनों के बीच उपेक्षा और उदासी। अढ़ाई बरस्र पहले वह लैंगले के निमंत्रण पर अक्टूबर के अन्त में दस दिन का अवकाश लेकर छोटे शिकार के लिए लैंगले के साथ कौसानी और विंसर गया था तब मार्था कलकत्ता गयी हुई थी। पत्नी के सम्बन्ध में लैंगले की चुप्पी पैडले को खटकी थी।

''परिस्थितियाँ मजबूर कर देती हैं।'' पैडले ने छत की ओर नजर किये जेब से सिगार केस खींचते हुए कहा।

मार्था ने रूमाल आँखों पर रख लिया। सुबकियाँ वश करने के लिए ओठ दबा लिये। सिगार से कुछ कश लेकर पैडले, मार्था को सम्भलने का अवसर देने के लिए अर्दली को पुकारता बाहर दफ्तर की ओर चला गया।

पैडले बँगले के दफ्तर में आधे घंटे तक कुछ कागज देखकर लौटा तो मार्था मुँह हाथ धोकर और चाय पीकर सम्भल चुकी थी।

''कलकत्ता की अपेक्षा यहाँ अच्छी खासी सर्दी मालूम होती होगी?'' पैडले ने पूछा जैसे आधे घंटे पूर्व का प्रसंग उसे याद न हो। ''चाहो तो लखनऊ की सर्दी के अन्दाज के लिए गाड़ी में कुछ दूर घूम आयें या छावनी के क्लब में कुछ समय बैठ लेंगे।'' मार्था ने घूमने जाना स्वीकार किया। क्लब में जाने की इच्छा न थी।

पैडले गाड़ी चला रहा था। मार्था उसके साथ की सीट पर थी। बिजली की रोशनी में चमकती छावनी की सूनी सड़कों को पार कर पैडले अँधेरी सड़कों पर गाड़ी के लैम्पों के तीव्र प्रकाश की सुरंग में तेजी से बढ़ते हुए बोला—''दुख के अन्त के लिए क्या दुख। अँधेरी रात के बाद फिर सूरज निकलता है।'' पाँच बरस में आपको कुछ तो जान ही सका हूँ। यह अजाने में लगी ठोकर नहीं। देर तक सोच-गुन कर उठाया कदम है। पहली बार भूल से कीचड़ में फँस जाने पर आपने साहस से स्वयं को उबारा था। एक बार और भूल या भाग्य से परास्त न हो जाने का साहस किया। इसके लिए सराहना करता हूँ।''

रात खाने के बाद मार्था को मालूम हुआ कि पैडले के लिए पलंग छोलदारी में लगाया जा रहा है। उसने आपत्ति की, ''आप अपना अभ्यस्त स्थान छोड़कर दूसरी जगह क्यों सोंये। छोलदारी मेरे लिए रहेगी।''

''नहीं, यह कैसे हो सकता है'' पैडले ने विरोध किया ''आज सर्दी अधिक है। मेरा मेहमान कष्ट में रहे और मैं आराम में। यह कैसा शील?''

''छोलदारी मेरे कारण लगी है'' मार्श्रा दृढ़ता से बोली ''इसलिए वह मेरा स्थान और उस पर मेरा अधिकार है।'' पैडले निरुत्तर रहा।

प्रतिष्ठा और सुरक्षा के विचार से जिला मैजिस्ट्रेट के बँगले पर रात में संगीन के पहरे का प्रबन्ध रहता है। उस रात छोलदारी के कारण बँगले पर संगीन पहरे का डबल प्रबन्ध था। संगीन चढ़ाये सिपाही रात भर बँगले और छोलदारी की परिक्रमा करते रहे।

बड़ी अफसराना छोलदारी में सभी सुविधाओं के लिए कनातों से कक्ष बना दिये गये थे। बिजली का तार पहुँचा कर सभी भागों में और चौकसी के लिए छोलदारी के चारों ओर उचित प्रकाश का प्रबन्ध। सर्दी के विचार से बिजली की अँगीठी भी। गद्दे, रजाई, कम्बल, तकये फर्श पर दरी कालीन आवश्यकता से कुछ अधिक ही थे। मार्था की अकस्मात आवश्यकता के विचार से एक आया भी छोलदारी में मौजूद थी।

मार्था के मन-मस्तिष्क में दीर्घ अवधि तक घुटते रहे क्षोभ और दुविधाओं की क्लांति का अवशेष और दिन में विश्राम के बावजूद पिछली रात के सफर की थकान शिराओं में अभी शेष थी। तिस पर छोलदारी में रात बिताने की, असुविधाजनक न होने पर भी, अप्रत्याशित परिस्थिति। नींद के लिए सहायक अँधेरे के लिए पलंग के सिरहाने रखा टेबल लैम्प बुझ कर पलकें मूँद लेने पर आधी रात के बाद तक भी मार्था पूर्ण जागृत और चेतन थी।

नियमित व्यवधान से भारी फौजी बूट पहने सिपाहियों के कदमों की आहटें, समीप आती और दूर हटती सुनाई दे जातीं। पलकें मुँदी रहने के बावजूद, भारी कोट पहने, मुस्तैदी में कंधे पर रखी राइफल पर संगीनें चढ़ाये, नये कदमों से चारों तरफ घूमते सिपाही दीख जाते। दिसम्बर अन्त की गहरी सर्दी में बरसती ओस। ओस की बूँदे सिपाहियों की संगीनों की नोकों से और फिर सिपाहियों के कोटों पर बहकर धारियाँ बना रही हैं। मार्था की मुँदी पलकों में उन सब सिपाहियों का चेहरा एक जैसा, पैडले का गम्भीर चेहरा। पैडले इतने सिपाहियों के रूप में मार्था के आदर और सम्मान की रक्षा के लिए पहरा दे रहा है।

सिपाहियों ने भारी फोजी कदमों की आहटें दूर हो जातीं तो मार्था के कान सुनने लगते—जीवन भावुकता के परों पर नहीं, अनुभव के कदमों पर···भूल से तुलना ही सही की पहचान···लोक निन्दा से आतंकित न होकर साहस से सत्याचरण के लिए आपका आदर-सम्मान· ·आदर···

मार्था का पहली रात छोलदारी में सोना नित्य का क्रम बन गया। लखनऊ में सुहावने मौसम, पार्कों में और बँगले पर फूलों की गंजाहट के कारण मार्था लखनऊ में सप्ताह के बजाय बाईस दिन रह गयी। रात छोलदारी में लगे बिस्तर में पहुँच आँखें मूँदे सुनने देखने लगती—अन्त दिसम्बर की रात में बरसती ओस में पैडले के चौकस गम्भीर चेहरे में, उसके आदर सम्मान की रक्षा के लिए ओस से भीगी संगीनों और वर्दियों में चुस्त कदमों से पहरा देते सिपाहियों को। फिर कानों में स्मृति से अधूरे-अधूरे शब्द···भावुकता के परों पर नहीं, अनुभव के ठोस कदमों पर···भूल की तुलना से सही की पहचान···

पन्द्रह दिन बाद उपरोक्त शब्दों में मार्था को कुछ और शब्द सुनाई देने लगे—दुख के अन्त के लिए क्या दुख?···दुख की रात के बाद फिर सूरज···भूल या भाग्य से परास्त न हो जाने के लिए सराहना···। इन शब्दों के साथ मार्था को अपने कंधे पर पैडले की बाँहों की पकड़ से सान्त्वना की कल्पना हो जाती।

मार्था के चेहरे से मुर्दनी और उदासी दूर होकर आँखों में उमंग की चमक और गालों पर स्वास्थ्य की रंगत आ गयी। पैडले के चाकरों और निकट अधीन अफसरों को पैडले के चूने से पुती दीवार की तरह अपरिवर्तनीय चेहरे और यंत्रवत नियमित व्यवहार में भावुकता की कुछ इन्द्रधनुषी झलकों का आभास मिलने लगा। यहाँ तक कि मार्था की कलकत्ता के लिए विदाई के दिन साहब मार्था को मेल पर चढ़ाने के लिए कचहरी से एक बजे आ गया। मेल के पौने दो बजे छूटने पर बिना लंच लिए कचहरी लौट गया।

फ्रांसीसी कहावत है, पत्नी और अंतेवासी सेवक से क्या छिप सकता है? पैडले के पी०ए० की नजरों में गड़ने लगा, प्रत्येक मास की पहली-दूसरी और १५-१६ तारीख पर साहब की निजी डाक में, कलकत्ता या दार्जिलिंग की डाक मोहर लगे लिफाफे आते थे। उन पर लिखे पते के हस्ताक्षर पहचाने हुए। पत्र के आने के दूसरे दिन पैडले सुबह बँगले से निकलते समय कलकत्ता या दार्जिलिंग के पते पर पत्र दे जाता। पी०ए० को मालूम था, अप्रैल के आरम्भ में ही पैडले ने अपने पाँच मास के संचित अवकाश से १५ जुलाई से दो मास के अवकाश के लिए आवेदन दे दिया था। पी०ए० को यह भी मालूम था कि मई आरम्भ में साहब ने

अदालती विवाह का फार्म मँगवाया था। अनुमान था, वह फार्म दार्जिलिंग के पते पर लिफाफे में गया था।

जून आरम्भ में पैडले के लिए दार्जिलिंग से पत्र कुछ विलम्ब से आया। लिफाफा भी वजनी, जैसा मई में उस ओर गया था। पत्र था—

''प्रियतम पैडले,

मुझसे विवाह के लिए तुम्हारा आवेदन मेरे लिए आजीवन अमित आभार का मूर्त रूप है परन्तु मैं उसे अपने आवेदन के साथ कचहरी में पेश न करके तुम्हें लौटा रही हूँ। मेरे प्रति तुम्हारे सद्भाव की यह अभिव्यक्ति मेरे जीवन का सबसे बड़ा सन्तोष और गर्व है। इस लौटाते लग रहा है कि अपने हाथों अपना हृदय चीर रही हूँ। तुम्हें शारीरिक रूप से न पाकर भी तुम्हारे वचन का यह प्रतीक मेरे जीवन का अवलम्ब बन सकता है। मैं आभारी हूँ परन्तु तुम्हें बवचनबद्ध रखने की कृतघ्नता न करूँगी। तुम्हें कभी भी देख पाने का अवसर मेरा सबसे बड़ा सौभाग्य होगा।

तुम्हें अनुमान नहीं, मेरे लिए तुम कितना बड़ा त्याग कर रहे हो। तुम्हें धोखे में रखने के बजाय मुझे अपने प्राण देकर अधिक सन्तोष होगा। संक्षेप में, पिता दस दिन पूर्व ही देहली में पाँच दिन रहकर लौटे हैं। उनके सम्पर्कों का अन्दाज तुम्हें है। वर्तमान नाजुक परिस्थितियों के विचार से शीघ्र ही महत्वपूर्ण परिवर्तनों की योजनाएँ हैं। तुम्हें भारत के विशिष्ट योग्य अफसरों में चुना गया है। तुम्हें शीघ्र ही मेरठ या पश्चिमोत्तर की ओर कमिश्नर का दायित्व सम्भालना होगा। तुम्हारे लिए बहुत बड़ा द्वार खुल रहा है। इस आयु में कमिश्नर का पद पा लेने पर कई योग्य आई०सी०एस० ओडवायर, हेली, लैम्बर्ट, हालेट, जैन्किन्स गवर्नरों के पद पा चुके हैं। प्रियतम पैडले मैं तुम्हारे मार्ग की बाधा न बनूँगी।

ब्रिटेन की रूढ़िवादी मानसिकता के उदाहरण रूप एडवर्ड अष्टम का उदाहरण तो अमिट रहेगा। सम्राट तलाक पायी स्त्री को अपना लेने के कारण सिंहासन का अधिकार खो बैठा। यह भी याद होगा कि कैम्ब्रिज के लार्ड रेक्टर का सम्मान पाये लार्ड बटलर बहुमत से प्रधान मंत्री पद के अधिकारी थे। सम्राट जार्ज षष्ठ ने उन्हें डिपुटी प्राइम मिनिस्टर तो स्वीकार किया किन्तु प्राइम मिनिस्टर का पद केवल इसलिए

देना अस्वीकारा कि वे तलाक ले चुके थे। प्रिय पैडले, रूढ़ि से मुँदी आँखों को तर्क नहीं खोल सकता। तलाक पायी स्त्री से विवाह तुम्हारे मार्ग में किसी प्रकार की रुकावट बन जाये, इस सम्भावना की अपेक्षा मुझे तुरन्त मृत्यु स्वीकार। मुझे मित्र की भाँति याद रख सको तो अहोभाग्य। इस अवस्था में विवाह के लिए अपना आवेदन कचहरी में कैसे दे सकती हूँ? तुम्हारा आवेदन तुम्हें लौटा रही हूँ। प्यार, प्यार आजीवन प्यार।···मार्था।''

रात में जिला मैजिस्ट्रेट के बँगले पर पहरा देते सिपाहियों ने देखा, पैडले गरमी के कारण बरामदे में पंखे के नीचे बैठा सिगार पीता रहा। सिगार समाप्त कर कुछ देर लॉन में टहलता रहा। फिर सिगार लगा कर पंखे के नीचे सोचने बैठ गया। चार बजे वह टेबल लैम्प उजागर कर पत्र लिखने लगा—

''प्रियतम मार्था,

तुम्हारा खरीता मिला। आधा जीवन लाँघ कर रोमान्स के खटोले पर भावुकता के बादलों में उड़ने की कल्पना नहीं कर रहा हूँ। कमिश्नर के बाद गवर्नर का पद कल्पनातीत नहीं परन्तु अन्ततः व्यक्ति को किसी भी पद, वायसराय के पद से भी, अवकाश लेना ही होगा। उच्चतम पद भी जीवन के श्रम का विश्राम नहीं हो सकेगा। उच्चतम पद भी एक आसन ही या अवस्था का खोल ही होगा, संतोष नहीं।

आधा जीवन लाँघ कर मैं चाकरी की अन्तिम मंजिल के बाद विश्राम और सन्तोष के सहारे की कल्पना कर रहा हूँ। वह सहारा विश्वस्त सहयोगी के बिना अकल्पनीय। मेरे लिए वह तुम हो। तुमने स्वयं संकेत किया है—संसार के सबसे बड़े सम्राट के पद से भी काम्य एक संतोष है। मुझसे उस सन्तोष का अवसर न छीनो।

विवाह के लिए आवेदन फिर भेज रहा हूँ। अपना और तुम्हारा अदालती विवाह का पत्र अदालत में पेश कर दिये जाने की सूचना की प्रतीक्षा दो सप्ताह तक करूँगा। सूचना तार से दे सको तो बेहतर। भविष्य तुम पर निर्भर करेगा। यदि पदोन्नति की सूचना तुमसे परिणय सूत्र में बँध सकने से पूर्व आयेगी तो उस पर विचार के लिए जुलाई के अन्त तक समय के लिए प्रार्थना करूँगा। तुमसे परिणय यूत्र में बँध सकने में असफल होने पर पदोन्नति को उस उत्तरदायित्व के लिए अक्षमता के

कारण अस्वीकार कर दूँगा। उस स्थिति में इस नौकरी को भी अवधि तक निबाहने में क्या सार्थकता रह जायेगी? बाद की बात बाद में। उत्कट प्रतीक्षा में—

तुम्हारा अभिन्न

पैडले

*   *   *

पाठकों के समाधान के लिए, पैडले को कमिश्नर के पद पर उन्नति अस्वीकार करने की नौबत नहीं आयी। ●

अपना-अपना एतकाद है

मौलाना को पड़ोसी ड्राइवर जमील अहमद का बहुत ख्याल रहता। वे नसीहत करते रहते—बरखुदार, शायर ने कहा है—

जफर उसे न जानिये बशर,
जिसे ऐश में यार खुदा न रहा,
तैश में खौफ खुदा न रहा।

जमील नेक और नमाजी। वह ऐश, सुख और सुविधा में खुदा को न भूलता। हर मौके पर कहता रहता—इंशा अल्लाह, शुक्रे खुदा स्वाभिमान के सवाल पर असहिष्णु। तैश काबू नहीं कर पाता। बाद में पश्चाताप भी अनुभव करता।

चौराहे पर उसकी गलती थी या नहीं, सिपाही ने धमकाया और गाली दे दी। जमील ने गाड़ी को ब्रेक लगाया और लपक कर सिपाही के दायें-बायें जबड़ों पर दो घूँसे जड़ दिये।

चालान खामुखा हो जाये तो भी दस-पन्द्रह रुपये जुरमाने की बात, परन्तु फर्ज अदा करते सरकारी प्रतिनिधि से फौजदारी संगीन जुर्म है। जमील अदालत में भी झूठ नहीं बोला। साल भर की ठुक गयी।

जमील की गैरहाजिरी में मौलाना पड़ोसी के बाल-बच्चों का हालचाल और जरूरत पूछते रहे।

नेकचलनी में डेढ़ मास रिमीशन पाकर जमील जेल से लौटा तो पहले मौलाना को सलाम अर्ज करने और उनकी मेहरबानी के लिए धन्यवाद देने गया।

पड़ोसी मौलाना हमदर्दी में बोले, ''शुक्र खुदा का, सही-सलामत लौट आये। तकलीफ तो जरूर हुई होगी?''

जमील ने गहरी साँस ली—''मौलाना जेल काटने की शर्मिन्दगी जरूर है, लेकिन आपकी दुआ और परवरदिगार के करम से तकलीफ खास नहीं हुई। कैदी जमादार बहुत नेक और खुदा तरस रहा।'' वह मौलाना को कैदी जमादार पदमलाल पर बीती बहुत देर तक बताता रहा।

जमील ने बताया—''सजा हो जाने पर भी चोरी, डकैती, कतल के कुछ ही अपराधी अपना जुर्म कबूल करते हैं। सब अपनी सजा का कारण बताते हैं, दुश्मनों की साजिश और पुलिस की बेईमानी, लेकिन पदमलाल ने कुछ नहीं छिपाया। पदमलाल की उम्र रही होगी तीस-बत्तीस की, परन्तु प्रौढ़ों जैसे संजीदगी और सब्र।''

पदमलाल बोला—भाई, सजा तो काट चुके। आठ-दस महीना और समझो वह भी कट जायेंगे। पुलिस अदालत ने जो माना हमारे साक्षी भगवान हैं। हमारे खिलाफ गवाह बन गये हमारे ताऊ के बेटे-भाई-भौजाई। अपनी घर वाली को मारने-पीटने की तो बात क्या, हमने उसे गाली-गुफ्ता भी किया हो तो हमें अगली साँस न आये। बेचारी बीमार रहती थी, तब उसे बनाकर खिलाते, उसका मैला तक साफ करते। बीमारी से मजबूर थी, पर थी बहुत भली। हाँ, पिछले जन्म में जरूर उसे सताया होगा, उसके भी कुछ करम रहे होंगे, जो हमारे उसके करमों का फल देने को ही भगवान् ने उसे भेजा था।

पदमलाल के बाप-ताऊ में घर-कारोबार का बँटवारा नहीं हुआ था। एक मकान किराये पर भी उठा हुआ था। पहले उनकी एक ही दूकान थी, फिर दो दूकानें हो गयी थीं, पर साझी। ताऊ के दो जवान बेटे थे। एक अपने पिता के साथ दूकान पर बैठता, दूसरा चाचा के साथ। पदम की दो बड़ी बहनों के ब्याह हो चुके थे। पदम दसवीं में पढ़ रहा

था। सत्रह की आयु। तभी एक दुर्घटना में उसके पिता और ताऊ एक साथ जाते रहे। अलग से वह लम्बी बात है। आदमी जानता नहीं, पर सब होता है अपनी करनी से ही। पदम ने कहा।

पदम के ताऊ और बाप तो राम-लखन थे। दोनों के मरते ही पदम और उसकी माँ पर मुसीबतों के पहाड़ टूट पड़े। पदम ने दसवीं पास कर ली तो माँ चाहती थी कि बाप वाली दूकान पर पदम बैठे और जगह-जगह-मकान का भी पंच बँटवारा हो जाये। पदम की सगाई दो ५५ पहले हो चुकी थी। उसके भावी ससुर भी यही चाहते थे। सब कुछ उसके भाइयों के हाथ में ही था। बँटवारा क्यों चाहें? कहने को घर दूकान साझा रहा, पर भीतर दो चूल्हे। पदम और उसकी माँ को न पेट भर अन्न, न तन ढँकने को लत्ता। रहने को बस कोने की कोठरी और रसोई भर की जगह।

ससुर बड़े डाकखाने में बाबू हैं। उन्होंने मदद की। जमाई को छोटे डाकखाने में नौकरी दिला दी कि किसी तरह अपनी बेटी को विदा कर सकें। बेटी सत्रह की हो गयी थी। जब दूसरा रिश्ता क्या सोचते। पदम के बाप मरे तो मुसीबतों की मारी माँ भी खटिया से लग गयी। गौने में बहू आयी, वह पहले से बीमार। कुछ अन्दरूनी तकलीफ थी, पर उसने सास की सेवा में कसर नहीं की। माँ पदम के ब्याह के साल भर बाद जाती रही।

पदम की घरवाली के हमल ठहर गया तो उसकी तकलीफ ऐसी बढ़ी कि दर्दों से चीखे-छटपटाये, बेहोश हो जाये। खाट से उठ न सके। उससे जितना हो सकता सम्भालता, पर मर्द क्या जाने कि ऐसे में औरत को क्या दिया जाता है। भौजाइयाँ और ताई काढ़ा, फाँकी देती रहतीं या पेट-पीठ मलती-दलती रहतीं। हालत बिगड़ती गयी। एक दिन बुखार से दिन भर बेहोश। पालकी में उठवा अस्पताल ले गया। हमल मर गया था। आपरेशन हुआ। खैर बहू किसी तरह बची, पर डाक्टरनी ने कह दिया। अब बच्चा नहीं हो सकेगा।

अब पदम की ताई, भौजाइयाँ बहू को हरदम ताने-मैंने देती रहती हैं। कहतीं—कुलच्छनी है। लड़के की इससे सगाई हुई तो घर के मालिक जाते रहे। सास को खा गयी। अपना पेट भी खा गयी। गम में बहू की तकलीफ और बढ़ गयी। दरद में चीखे, छटपटाये, कभी खाट से गिर पड़े

और चोट खा जाये। पड़ोसी उसकी चीख, कराहट सुनें तो हाल पूछें, चोटों से आयी सूजन देखें। पदम के भाई-भौजाई पड़ोसियों से बतायें— पदम बड़ा जालिम है। बीमार बहू को पीटता है। चाहता है, यह मर जाये तो और ब्याह कर ले। पदम के ससुर के भी कान भर आवें। उसने कई बार सोचा, कहीं दूसरी जगह जा रहें, पर कैसे होता? बासठ रुपल्ली तनख्वाह में क्या-क्या हो। घरवाली की दवा जरूरी और तकलीफ में उसे दूध के सिवा कुछ पचता न था। बहू खुद उससे कहती—दूसरा ब्याह कर लो, वह घर सँभालेगी। उसे भी सँभालेगी।

उस दिन पदम डाकखाने से लौटा तो बहू के पेट में हल्का-हल्का दर्द उठ रहा था। जब तक वह कपड़े बदले, दर्द से चीख कर चौके में ही गिर पड़ी। दवाई खतम थी। कभी आठ-दस दिन दर्द नहीं भी उठता था। महीने की सत्ताईस तारीख थी। जेब में एक रुपया भी न था। ऐसे समय किसी से दो-चार ले आता और पहली को लौटा देता, पर बहू को ऐसी हालत में छोड़कर कैसे जाता। बहू को कुछ चैन आया, तब पदम ने चावल उबाल कर नमक से खाया। बाजार से उसके लिए पाव भर दूध ले आया।

बहू का मन अभी दूध पीने को न था। दूध का सकोरा खाट के सिरहाने ताक में रख दिया। बहू की आँख में चौंध न लगे, इसलिए दीवारगिरी लैम्प धीमा करके वहीं रख दिया ताकि वह लौटे तो दरवाजा खोलने के लिए उसे उठना न पड़े। बहू से घंटे डेढ़ घंटे में दवा लेकर लौटने की बात कहकर वह बाजार चला गया। इस ख्याल से कोठरी के किवाड़ों पर बाहर से साँकल चढ़ा दी। जिससे रुपया लेने गया था, मिला नहीं। उधर ही घूम-घूमकर फिर उसके यहाँ पुकारा। वह आदमी तब भी नहीं लौटा तो पदम लाचार खाली लौट आया।

पदम ने गली में कदम रखते ही रोना-धोना सुना। मकान में ताई और भावजें दहाड़-दहाड़ कर रो रही थीं—हाय रे, हत्यारे ने वेचारी को मार डाला। पदम कुछ समझ न सका। हुआ यह कि पदम के गये थोड़ी देर बाद घर के लोगों को धुएँ, तेल और कपड़े जलने की गंध मालूम हुई। पदम की कोठरी से धुआँ निकलता देख बड़ी भौजाई ने साँकल खोलकर भीतर झाँका और चीखी—आग आग! धुएँ में दिखायी क्या

देता! खाट और अलगनी के कपड़ों से लपटें उठ रही थीं। वे लोग गागरें और बाल्टियाँ भर-भर कोठरी और खाट पर डालने लगे। आग बुझी तो बहू के कपड़े जले हुए और खतम। भौजाइयाँ चीख-चीख कर रोये जायें—हत्यारे ने गरीब को जला कर मार दिया। पदम सिर पकड़े बैठा रहा। किसी को क्या कहता!

पदम से हमदर्दी थी सिर्फ पड़ोसी मास्टर साहब को। उन्होंने पूछा तो पदम ने बताया—बहू को कैसे छोड़ और साँकल लगाकर गया। मास्टर ने जगह देखी। पूछा तुम्हारे यहाँ बिल्ली-विल्ली तो नहीं आती? बिल्ली तो आती ही थी। मास्टर ने फर्श पर दिखाया, देखो दूध सने सकोरे के टुकड़े खाट के पास पड़े हैं। दीवारगिरी लैम्प भी पड़ा है। बहू को झपकी आ गयी होगी। बिल्ली दूध पर कूदी होगी, जिससे लैम्प गिर गया और कोठरी में आग लग गयी। किरासन का जहरी धुआँ भर जाने से वह दम घुटकर बेहोशी में जल गयी होगी।

दिन चढ़ने से पहले तो मसान जाने का कुछ प्रबन्ध हो नहीं सकता था। मास्टर पदम के पास बैठे ढाढ़स बँधाते रहे। दिन चढ़ने से पहले चौकी से दारोगा और सिपाही बुला लाये। मौका देखा। बयान लिया। फिर उसके भाइयों और भौजाइयों के बयान बहुत देर तक अलग से लेते रहे। मास्टर की किसी ने न सुनी।

दारोगा ने हुक्म दिया, लाश जाँच के लिए अस्पताल जायेगी और पदम को हथकड़ी लगा चौकी पर ले गये।

पुलिस ने पदम का चालान दफा ५०६ में कर दिया। पुलिस के गवाह थे उसके भाई-भौजाई और उनके किरायेदार, उन्हीं की दूकान पर नौकर। उन लोगों ने बयान दिये—बहू बीमार रहती थी। बोलचाल की अच्छी नहीं थी, तिस पर आपरेशन से बाँझ भी हो गयी। पदम परेशान तो रहता होगा। गुस्से में बहू का रोना-चीखना सुनते थे। उसके बदन पर चोटों के दाग भी देखते थे। पदम पीटता तो रो-रो कर कहती—इससे तो अच्छा यह कसाई हमारा गला काट दे, कोई बहू हमें जहर ला दे। पदम बहू को मार-पीट कर रोती-कराहती को छोड़ कोठरी की साँकल लगाकर चला गया था। भाइयों-भौजाइयों ने गवाही देते-देते आँसू भी ढरका दिये।

पुलिस ने पदम पर जुर्म लगाया कि पदम की मंशा थी बीमार बहू मर जाये। बहू ने उसके जुल्म से मजबूर होकर जलकर आत्महत्या कर ली।

पदम के पास सफाई वकील के लिए दमड़ी न थी। ससुर ने समझा उनकी लड़की नहीं रही तो उनका रिश्ता खत्म। अदालत ने दस साल की सजा सुना दी।

जमील को सब किस्सा बताकर पदम ने गहरी साँस ली—अदालत ने फाँसी का हुक्म नहीं दिया, पर हम क्या जिन्दा हैं, बस साँस चल रही है। चल-फिर भी रहे हैं, पर यह जीना हैं? किसके लिए जियेंगे? किसे मुँह दिखायेंगे? हमारे लिये तो दुनिया से यह जेल भली। अदालत फाँसी दे देती तो क्या बुरा था। सब दुख खतम हो जाता। फाँसी का हुक्म होता कैसे? उस जनम की करनी जो अभी और भोगनी थी। जो बोया है वही तो काटेंगे।

''मौलाना, पदम जैसा आदमी!'' जमील का स्वर कातर हो गया—''कुछ अगला-पिछला भी होता ही होगा?''

मौलाना के माथे पर तेवर पड़ गये—''उनके लिए उनका बहम सही है। हमारे लिए खुदा की रजा और उसका हुक्म! अपना-अपना एतकाद है।''

लैम्प शेड

''जर्मन सेना दो सौ वेश्याएँ लिये शीघ्र तैयार रहे। इनका चालान पूर्वी मोर्चे की ओर जाने वाले काफिले के साथ होगा।'' मेजर हांस को शिविर के चीफ कमाण्डर का 'तुरन्त आदेश' मिला। हांस बोखनवाल्ड जेल शिविर के जनाना विभाग का कमाण्डर था।

बात दूसरे विश्व महायुद्ध के आरम्भिक दिनों, अप्रैल १९४१ की है। नाज़ियों अथवा जर्मनी द्वारा अधिकृत सभी यूरोपीय देशों को पूर्णतः आर्य नस्ल का संसार बना देने के लिए उन देशों में खोज-खोज कर यहूदियों का समूल नाश किया जा रहा था। कई लाख यहूदी नर-नारी ओशविक बोखनवाल्ड आदि बीसियों जेल शिविरों में मृत्यु के समय की प्रतीक्षा कर रहे थे। श्रम में समर्थ यहूदी स्त्री-पुरुषों से युद्ध सामग्री उत्पादन के लिए अधिक से अधिक और कड़ी मेहनत ली जाती। भोजन केवल प्राण बने रहने योग्य। यहूदी सामर्थ्य से अधिक श्रम और कम आहार से जर्जर या रोगी होकर श्रम योग्य न रहते तो उन्हें सैकड़ों-हजारों की संख्या में अन्तिम केन्द्रों (सिक्विडेशन सेन्टरों) में भेज दिया जाता। अन्तिम केन्द्रों में बड़ी-बड़ी बैरकें थीं जिनके दरवाजे-खिड़कियाँ मूँद दी जानो पर

भीतर-बाहर की आयु बाहर-भीतर न जा सकती थी। सैकड़ों की संख्या में यहूदियों को इन बैरकों में बन्द करके प्राणान्तक गैर बैरकों में भर दी जाती। यहूदी बच्चों को, सँपोलों की तरह भविष्य के लिए खतरनाक मानकर तुरन्त समाप्त कर दिया जाता।

नाज़ी दर्शन और नाज़ी आधिपत्य के समय भी ऐसे अनेक जर्मन नागरिक थे जिनके लिए मानवी दृष्टि से कातर, निहत्थे यहूदी स्त्री-पुरुषों, बच्चों का निमर्म संहार असह्य था। नाज़ी नीति का प्रकट विरोध राष्ट्रदोह और आर्यवंश से विश्वासघात समझा जाता। ऐसे करुणार्द्र हृदय अवसर होने पर परिचित यहूदियों की प्राणरक्षा के लिए उन्हें नाज़ी आधिपत्य-सीमाओं से भाग जाने में गुप्त सहायता देते रहते। कुछ यहूदी बच्चों को विश्वस्त सुरक्षित परिवारों में छिपा देने की जोखिम तक सिर ले लेते। यहूदी संहार विरोध के अपराध में उम्र कैद या मृत्यु दण्ड तक हो सकता था।

यहूदी नवयुवती जेन का परिवार आसन्न निश्चित संहार से रक्षा के लिए बर्न नगर से गुप्तरूप से इंगलैंड भाग गया था। परिवार के बर्न से निकलते समय जेन परिवार के साथ से फिसलकर बर्न में रह गयी। जेन ने दो यहूदी बच्चों को समीप के ग्रामों में विश्वस्त मित्र जर्मन परिवारों में छिपाया हुआ था। उसका निश्चय था कि दोनों बच्चों को संकट से निकाले बिना आत्म-रक्षा के लिए नहीं भागेगी। बर्न से सुरक्षित हालैंड निकल जाने के उपाय उसके पास तैयार थे। उसे भरोसा भी था कि उसके आर्य नस्ल से मिलते-जुलते वर्ण, आँखों और केशों के रंग से उसे सहसा यहूदी नहीं समझ लिया जा सकेगा।

जेन के माता-पिता और दोनों छोटे भाइयों को बर्न से भागे पाँच ही दिन बीते थे। जेन यहूदी वंश रक्षा के लिए अनिवार्य काम से लुकती-छिपती नगर के एक दूर मुहल्ले में गयी थी। संध्या लौटते समय मार्ग में उसकी दो पुरानी सहपाठिनें अकस्मात सामने आ गयीं। दोनों ही कट्टर नाज़ी और घोर यहूदी विरोधी थीं। जेन ने उन युवतियों से नज़रें बचा लेनी चाहीं परन्तु वे दोनों उसके पीछे हो लीं। कुछ दूर जाने पर नाज़ी पुलिस के सिपाही मिल गये। जेन की सहपाठियों ने छिपी हुई देश की शत्रु यहूदिन का भेद पुलिस को देकर आर्य नाज़ी का कर्तव्य पूरा कर दिया।

जेन की गिरफ्तारी के बाद उसके विषय में जाँच-पड़ताल से जेन के परिवार के लापता हो जाने के प्रमाण से जेन की वास्तविकता के सम्बन्ध में सन्देह न रहा। जेन के केश घने लम्बे थे। बदल-बदल कर जूड़े बनाती थी। बर्न की जेल में जाते ही उसके केश गर्दन तक छाँट दिये गये। कारण कुछ यहूदी युवतियाँ गिरफ्तार हो जाने पर असह्य अपमानों और यातनाओं से बचने के लिए अपने लम्बे केशों से ही गले में फन्दे लगाकर आत्महत्या कर चुकी थीं। चार दिन में छिपे हुए कुछ और यहूदी पकड़ में आ गये। उन्हें पिछले लिपज़िग के समीप छोटे कैदी शिविर में भेजा गया। वहाँ से उन्हें यहूदी कैदियों के काफ़िले के साथ बोखनवाल्ड शिविर के लिए रवाना कर दिया गया।

नाज़ी सैनिक यूरोप के अधिकृत देशों में मनचाही लूट और स्थानीय स्त्रियों से बलात्कार श्रेष्ठ आर्य जाति का प्राकृतिक अधिकार समझते थे। परिणाम में, नाज़ी सेनाओं में आतशिक, सूज़ाक और दूसरे संक्रामक रोग भयानक परिमाण में फैलने लगे। इस सम्बन्ध में कड़े अनुशासन लागू करने से नाज़ी सिपाहियों में निरुत्साह और उनकी बर्बर वीरता में शैथिल्य की आशंका थी। सेनाओं के स्वास्थ्य के लिए उपाय किया गया कि सैनिकों की वासना तृप्ति के लिए यहूदी कैदी शिविरों से पर्याप्त मात्रा में स्वस्थ निरोग युवतियों को चुनकर अग्रगामी छावनियों में भेजते रहना। ऐसे चुनावों और चालान में यहूदी लड़कियों-स्त्रियों की इच्छा का कोई विचार न होता।

जिस दिन मेजर हांस को पूर्वी मोर्चे पर नाज़ी सेनाओं के लिए दो सौ युवतियाँ चुनकर तैयार रखने के लिए आदेश मिला, जेन तीस दिन पूर्व बोखनवाल्ड शिविर के जनाना अहाते में पहुँच चुकी थी। अभी उसका स्वास्थ्य गिरा नहीं था। शरीर भी सुडौल। अहाते के सार्जेन्टों की नज़र उस पर कैसे न अटकती। सैनिकों के स्वास्थ्य की चिन्ता से यहूदी स्त्रियों को अग्रिम छावनियों में भेजने से पूर्व उनके पूरे शरीर की जाँच कर ली जाती थी।

यहूदी स्त्रियों को नाज़ी सैनिकों के उपयोग के लिए अग्रिम छावनियों में भेज देना सर्वथा निरापद न था। इस तरह भेजी गयी अनेक स्त्रियाँ जान पर जोखिम लेकर भी भाग चुकी थीं या भागने का यत्न करती थीं। नाज़ी शासकों और सैनिक अधिकारियों ने इस आशंका का उपाय कर लिया

था। इस प्रयोजन से चुनी गयी स्त्रियों का चालान, मोर्चा छावनियों की ओर करने से पहले उनकी बायीं कोहनी से कलाई तक गुदना कर दिया जाता—"वेश्या— जर्मन सेना के लिए।"

बहुत-सी यहूदी स्त्रियाँ अपनी बाँह पर ऐसा कलंक गुदवाने के विरोध में यथाशक्ति आमरण संघर्ष करतीं। उन्हें गोली मार देने से प्रयोजन पूरा न हो सकता। शिविरों के डाक्टरों ने ऐसे विरोध का भी उपाय कर लिया। चुनी हुई युवतियों की शारीरिक परीक्षा के बाद उन्हें हल्की बेहोशी के लिए सुई लगाकर मेज़ों पर जकड़ दिया जाता। बैटरी से चलने वाले गुदना सुई से उनकी बाँह पर पहचान गोद दी जाती। शरीर पर गुदना उस स्थान की खाल जला दिये या छीले बिना मिट नहीं सकता। किसी युवती की जख्मी बाँह या बाँह पर ऐसे चिह्न ही उसके भगड़ी वेश्या होने की पहचान हो जाती।

शिविर के जनाना अहाते से चुनी गयी दो सौ युवतियों में जेन भी थी। उसके विरोध के बावजूद जो सबके साथ हुआ, उसके साथ भी हुआ। सुंध आने पर उसने अपनी बाँह पर गुदी पहचान देखी और पत्थर की मूर्ति की तरह सुन्न हो गयी।

दूसरे दिन प्रातः शिविर दफ्तर में पहुँचते ही मेजर हांस ने जनाना अहाते की गत रात की रिपोर्ट में पहली सूचना देखी। रात में बैरक नम्बर सोलह में वेश्या कार्य के लिए चुनी गयी दो युवतियों ने आत्महत्या कर ली थी।

शिविर में एक दिन रात में सौ-डेढ़ सौ यहूदियों का मर जाना चिन्ता का कारण न होता बल्कि उससे कुछ राशन की बचत, नये आने वाले कैदियों के लिए स्थान की सुविधा हो जाती। बोखनवाल्ड शिविर के लाख से अधिक यहूदियों में से निरन्तर क्षुधा की जीर्णता और रोग से, एक दिन-रात में कभी इससे भी अधिक कैदी दम तोड़ देते। यों भी अनुशासन रक्षा के लिए सप्ताह में एक दो बार आठ-दस यहूदियों को भागने के यत्न, किसी नियम भंग या अवज्ञा के अपराध में गोली मार दी जाती और उन्हें शवभस्मक बिजली भट्ठी (क्रीमेशन फर्नेस) के अहाते में ढकेल दिया जाता।

शिविर में कैदी को दण्ड में मार दिया जाना या उसका रोग से मर जाना साधारण बात थी, आत्महत्या गम्भीर बात। आत्महत्या का अर्थ

हुआ, कैदी की स्वेच्छा से मृत्यु। यह चिन्ता का कारण था कि कैदी को स्वेच्छा से मर जाने का साधन और अवसर कैसे मिले। ऐसी स्थिति चौकसी में शैथिल्य का संकेत थी। जेन और ब्लूम की आत्महत्या के तरीके का पता लगाने में कठिनाई न हुई। दोनों के कपड़े और शरीर कलाइयों से खून बहकर लथपथ थे। खून निकल जाने से शरीर पुराने मैले कागज की तरह सफेद। कलाई पर नसें किस औज़ार से काटी गयीं उस चर्चा से विषयान्तर हो जायेगा।

शवभस्मक भट्ठी विभाग का सुपरिन्टेन्डेन्ट कैप्टन डाक्टर रांजर था। शवों को भट्ठी में ले जाने वाला भट्ठियों की जंजीरों पर डलवाने से पूर्व वह शवों पर से कपड़े उतरवा लेते। कपड़े दूसरे कैदियों को उपयोग के लिए दिये जा सकते थे या झाड़-पोंछ के लिए काम आ सकते थे। अधिक महत्वपूर्ण काम था, शवों के मुख खोलकर उनके जबड़ों की परीक्षा। यहूदी कैदियों के प्लाटिनम, सोने-चाँदी के अँगूठी या जेवर तो उतरवा ही लिये जाते थे परन्तु बहुत से यहूदियों के खोल पड़े दाँतों में प्लाटिनम, सोना या चाँदी भरे होते। कुछ लोग दाँत टूट जाने पर कीमती धातु के नकली दाँत लगता लेते थे। कैप्टन रांजर ऐसा मूल्यवान धातु राष्ट्रीय कोष के लिए या अपने मेहनताने में निकलवा लेता।

कैप्टन रांज़र को दस्तकारी में भी रुचि थी। उसने ओशविक और अन्य शिविरों में यहूदियों के शवों की त्वचा से लैम्प शेड या उपहार योग्य अन्य वस्तुएँ बनाये जाने की चर्चा सुनी थी। शुद्ध आर्य नस्ल के गौरव के लिए पशुओं की तरह यहूदियों की त्वचा के उपयोग से अधिक सन्तोष की वस्तु क्या हो सकती थी। नाज़ी अफसरों में ऐसी दुर्लभ वस्तुओं के लिए शौक चल गया था। रांजर भी अच्छी स्वस्थ अवस्था में मरे शवों की त्वचा उतरवाकर और कमाकर लैम्प शेड और तम्बाकू के बटुए बनाने लगा। रांजर कभी इन कलाकृतियों को बड़े अफसरों की कृपा में उपहार भेंट कर देता, कभी उन्हें बेंच लेता।

जेन और ब्लूम दोनों ही नवयुवतियाँ थीं। ढाई तीन सप्ताह पूर्व ही पकड़ी गयी थीं। आहार की कमी और कठोर शारीरिक श्रम से अभी उनकी त्वचाएँ विरूप न हो गयी थीं। चिकनी और श्वेत और त्वचाएँ रांजर ने दोनों शवों की उतरवा लीं। उनकी त्वचा से अच्छा बड़ा लैम्प शेड बनाते समय उसे एक और खयाल आया। दोनों की बाँहों से

''वेश्या—जर्मन सेना के लिए'' की पट्टियाँ काट कर लैम्प शेड की झालर में लगा दीं। वे शेड रांजर ने मेजर हांस को भेंट कर दिया। दुर्लभ भेंट पाकर हांस के मन में विचार कौंध गया।

मेजर हांस की वाग्दत्ता प्रेयसी लुडमिला को भी आर्य रक्त की सर्वश्रेष्ठता में निष्ठा और यहूदियों से घोर घृणा थी। लुडमिला हैमबर्ग में थी। यदि यहूदी उन्मूलन अभियान में हांस की बदली बार-बार हैमबर्ग से दूर स्थानों में न होती रहती तो दोनों का विवाह डेढ़ बरस पूर्व ही हो जाता। आर्य जाति के सामर्थ्य और यहूदियों से घृणा के मूर्त, आर्य रक्त की ज्योति के प्रतीक उस लैम्प शेड से बेहतर उपहार हांस की प्रेयसी के लिए क्या हो सकता था? मेजर हाँस के अधीन सर्जेन्ट गाफ़ भी हैमबर्ग के समीप गाँव का था। गाफ़ दो सप्ताह के अवसर पर गाँव जा रहा था। हांस ने वह लैम्प शेड एक बक्स में रखवा कर गाफ़ के हाथ लुडमिला के लिए भेज दिया।

लुडमिला ने यहूदी शिविर जेलों में यहूदी त्वचा के इस प्रकार की चर्चा सुनी थी। लैम्प शेड देखते ही उसे वह बाते याद आ गयीं और आर्य रक्त और जर्मन राष्ट्र की शत्रु यहूदी नस्ल के प्रति विरक्ति की हल्की सी मुस्कान। लुडमिला ने बैठक की मेज के लैम्प से पहला शेड उतारकर उपहार का शेड दिया। उतरते दोपहर में ही खिड़कियों पर भारी परदे खींचकर अंधेरा कर लिया और मेल का लैम्प जला दिया।

लुडमिला शेड को देखकर हांस की याद में मुस्करा रही थी। उसकी नज़र पड़ी शेड की झालर पर। भीतर रोशनी के कारण त्वचा पर गुदी हुई पंक्तियाँ स्पष्ट पढ़ी जा रही थी : ''वेश्या—जर्मन सेना के लिए।''

लुडमिला के मस्तिष्क पर भयंकर चोट—मैं क्या जर्मन सेना के लिए वेश्या हूँ? दीर्घ निश्वास से दूसरा अनुमान, शेड के लिए मानव त्वचा कहाँ से, कैसी ली गयी होगी?···बलात् वेश्या बनायी जाने के विरोध में मरी नारी की त्वचा। उसका चेहरा आतंक और घृणा से सुन्न, सफेद हो गया। क्षण में आँखें क्रोध की उत्तेजना से लाल। शरीर पर रोमांच। दोनों हाथों से मेज पर सहारा लिया। हाथों पर माथा टिका दिया। मन वश न हुआ तो उठकर कमरे में चक्कर लगाने लगी। मन का उबाल बढ़ता जा रहा था। उजले लैम्प शेड की ओर नज़र जाने पर कलेजे में बर्छी सी धँस जाती। उसने मेज़ का लैम्प बुझा दिया। कभी मेज़ से दूर कुर्सी या

सोफा पर बैठती, कभी पिंजरे में बन्द जानवर की तरह कमरे में चक्कर लगाने लगती। ऐसी ही संध्या बीत गयी।

लुडमिला की माँ ने बेटी की अवस्था देखकर चिन्ता से पूछा। उसने मामूली सिर दर्द बताकर माँ को टाल दिया। ढीली तबियत से भोजन में अनिच्छा बताकर माँ के साथ खाने के लिए भी न बैठी। माँ के आग्रह पर बस कॉफी का प्याला निगल लिया। रात में नींद न आ सकने से करवटें बदलती रही। लेटे रहना भी असह्य। आधी रात में उठी। मेज़ पर लैम्प से नया शेड उतार लिया। आहट बचाकर रसोई में गयी। बिजली का चूल्हा जलाया और दाँत भींचकर शेड उस पर रख दिया। रसोई में त्वचा जलने की तीखी चर्राहट भरी दुस्सह दुर्गन्ध भर गयी। साँस लेना कठिन। उसने असह्य धुएँ और दुर्गन्ध से बचने के लिए रसोई की हवा निकलने वाला पंखा चला दिया। कुछ मिनट में शेड चुटकी भर राख बन गया। लुडमिला ने वह राख समेट कर बर्तन धोने की जगह से बहा दी।

रसोई से लौट कर लुडमिला पलंग पर गिर पड़ी। दो घंटे तक मन स्थिर करने का यत्न करने पर भी असह्य बेचैनी। वह बैठक में गयी। मेज़ पर लैम्प जलाकर पत्र लिखने लगी। पत्र लिफाफे में डाक टिकट लगाया। पौ फटते-फटते आहट बचाकर घर से निकली और पत्र गली के मोड़ पर पत्र पेटी में डाल दिया, पहली डाक से निकल सकने के लिए।

लिफाफे पर प्रेयसी के हस्ताक्षर देखकर हांस का मन उमंग आया। अनुमान किया—उपहार की पहुँच के लिए सप्रेम धन्यवाद। मुस्कान से लिफाफा खोलकर पत्र पढ़ा—

"जघन्य हिंस्त्रक पशु,

तेरे बर्बर सिद्धान्तों और प्रकृति से नारी पर चरम अत्याचार और अपमान का चिह्न पहुँचा। लानत। सभी जातियों-नस्लों की नारियों का नारीत्व ही उनका मूल अस्तित्व है। नारीत्व का अपमान संसार भर की नारियों का अपमान है। नारीत्व के चरम उत्पीड़न और अपमान के प्रतीक शेड को मैंने जला दिया। तेरे हिंस्त्र पशुओं के सिद्धान्त और व्यवहार मुझे त्वचा जलने की दुर्गन्ध की तरह असह्य हैं। तेरी भावना के मूर्त शेड के साथ मेरे-तेरे सम्बन्ध भी जल गये। समाप्त।"

—लुडमिला

पत्र पढ़कर मेजर हांस के चेहरे की दृढ़ता पर सुर्खी आ गयी। वह परम निष्ठावान नाज़ी था। उसके लिए वैयक्तिक कामनाएँ और सम्बन्ध नाज़ी आदर्शों, हिटलर के आदेशों, जर्मन आर्य जाति के संसार व्यापी आधिपत्य की तुलना में हेय थे। हांस ने लुडमिला का पत्र आवश्यक विवरण के साथ नाज़ीवाद द्रोही, राष्ट्र-विश्वासघाती भीतरी शत्रुओं को मिटाने वाली पुलिस गेस्टापो के केन्द्र में भेजकर नाज़ी निष्ठा और आर्य जाति के प्रति अपना कर्तव्य पूरा कर दिया।

मेजर हांस को पत्र लिखने के चौबीस दिन बाद गेस्टापो की हैवर्ग शाखा के सिपाही लुडमिला को अपने दफ्तर में ले गये। हांस को लिखा उसका पत्र उसे दिखाकर उसके व्यवहार की सफाई पूछी गयी।

''मेरे विचार इस पत्र में स्पष्ट हैं। मैं नारी हूँ। जाति-नस्ल के भेद के बावजूद नारीत्व का अपमान कभी नहीं कर सकती।'' लुडमिला ने उत्तर दिया।

लुडमिला को हवालात में बन्द करके उसका मामला आर्य जाति, नाज़ीवाद विरोधी और राष्ट्रघाती आस्तीन के साँप, देश के भीतरी शत्रुओं के विषय में निर्णय करने वाली अदालत में भेज दिया गया।

●